ALLAN KARDEC

A GRANDEZA *de um* HOMEM

ADILTON PUGLIESE

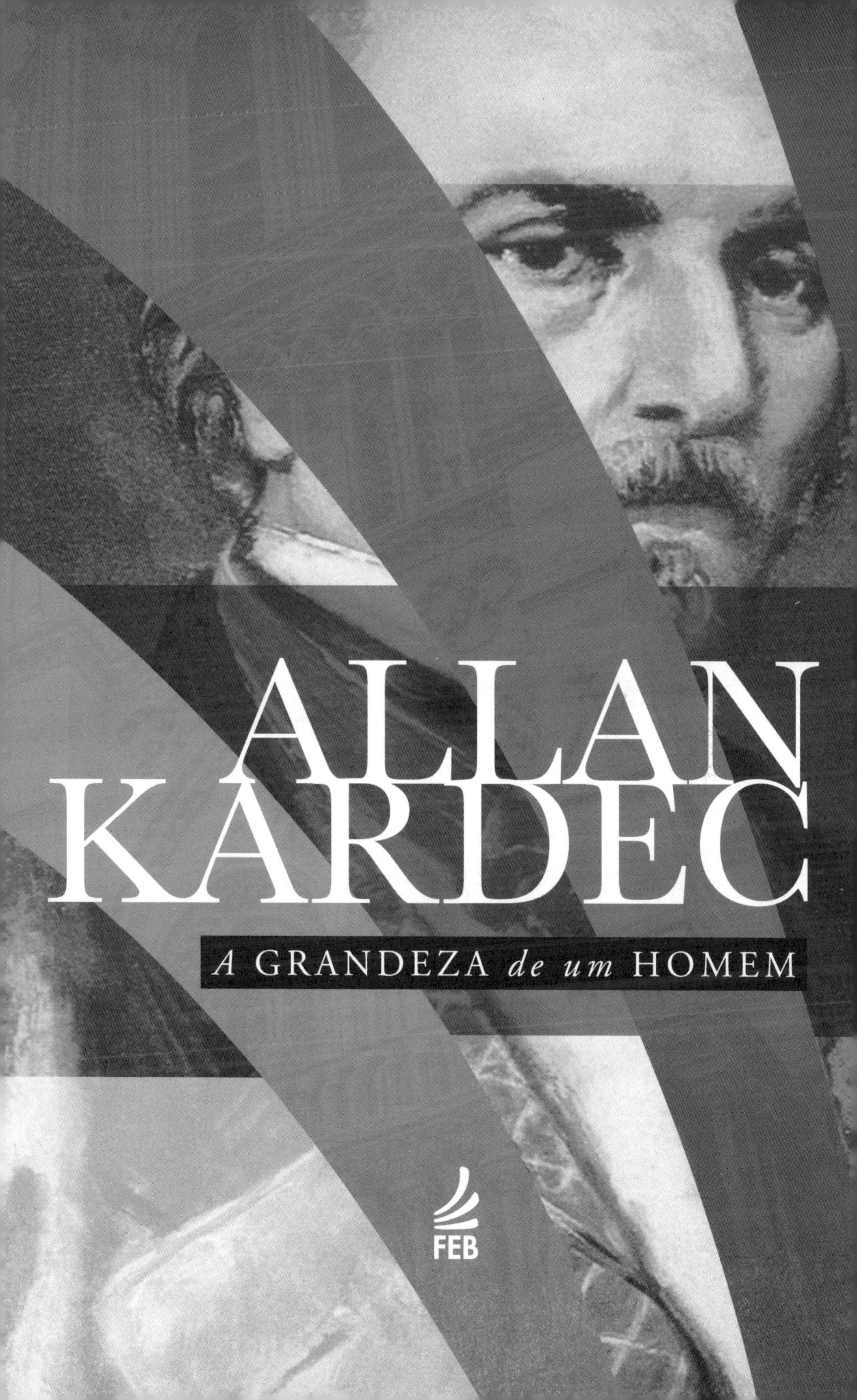

ALLAN KARDEC

A GRANDEZA *de um* HOMEM

FEB

1ª edição – 1ª impressão – 1,5 mil exemplares – 7/2025

ISBN 978-65-5570-704-5

FEDERAÇÃO ESPÍRITA BRASILEIRA – FEB
SGAN 603 – Conjunto F – Avenida L2 Norte
70830-106 – Brasília (DF) – Brasil
www.febeditora.com.br
editorial@febnet.org.br
+55 61 2101 6161

Pedidos de livros à FEB
Comercial
Tel.: (61) 2101 6161 – comercial@febnet.org.br

Adquirindo esta obra, você está colaborando com as ações de assistência e promoção social da FEB e com o Movimento Espírita na divulgação do Evangelho de Jesus à luz do Espiritismo.

Dados Internacionais de Catalogação na Publicação (CIP)
(Federação Espírita Brasileira – Biblioteca de Obras Raras)

P978a Pugliese, Adilton Santos, 1944-

Allan Kardec : a grandeza de um homem / Adilton Pugliese - 1. ed. – 1. imp. – Brasília: FEB, 2025.

240 p.; 23 cm.

Inclui índice geral

ISBN 978-65-5570-704-5

1. Biografia. 2. Kardec, Allan, 1804-1869. I. Federação Espírita Brasileira. III. Título.

CDD 133.9
CDU 133.7
CDE 90.02.00

SUMÁRIO

APRESENTAÇÃO

Os espíritas brasileiros, bem mais do que seus irmãos de outras terras, dispõem de vasta bibliografia em língua nacional dedicada ao estudo do Espiritismo, da lavra de Espíritos encarnados e desencarnados, abrangendo o tríplice aspecto em que a Doutrina se desdobra: científico, filosófico e religioso, ou ético-moral.

São obras de inestimável valor, em que os autores nos trazem o contributo de suas luzes, em perfeita sintonia com a doutrina codificada por Allan Kardec e com as lições inesquecíveis do Evangelho de Jesus. Observando-as, não se dispõe de melhor roteiro nem de melhor guia para a conquista do Reino dos Céus, que está dentro de nós, bem como da perfeição relativa a que o homem pode aspirar, na Terra e em outras Esferas.

Já em 1865, em Salvador, surgia a primeira sociedade espírita em solo pátrio e, com ela, em 1869, *O Echo d'Além-Túmulo*, primeiro periódico espírita em língua portuguesa, graças ao pioneirismo do espírita baiano Luís Olímpio Teles de Menezes, não obstante as diatribes da religião dominante, cujo império começava a desmoronar...

Surgem as obras básicas de Allan Kardec, traduzidas para a nossa língua por Joaquim Carlos Travassos, mais conhecido como Fortúnio... Depois aparecem as traduções de Léon Denis e de outros autores, franceses e de outros países, desdobrando em maior ou menor profundidade as lições que nos foram legadas pelos Imortais.

Aparecem novos periódicos, efêmeros uns, de grande fôlego, outros, destacando-se, entre estes, o então jornal *Reformador*, em 1883, publicado mais tarde sob a forma de revista e encampado pela Federação Espírita Brasileira (FEB) desde a sua fundação, em 1884, como órgão oficial da casa-máter do Espiritismo no Brasil.

Hoje, contam-se às centenas os periódicos espíritas em circulação no país. Sobre os livros, eles têm a vantagem da comunicação mais direta com os leitores, abordando as matérias em tom mais coloquial, priorizando a publicação de temas da atualidade, que despertam a atenção e o interesse dos indivíduos, podendo dizer-se que estão ao alcance de todos os bolsos. É verdade que nem todos primam pela urbanidade e pela boa doutrina; aos espíritas, cabe separar o joio do trigo...

A par de matérias leves e muitas vezes superficiais, boa parte dos jornais e revistas espíritas da atualidade veicula artigos de grande profundidade, embasados na mais pura concepção evangélico-doutrinária, verdadeiras pérolas que edificam e instruem os seus leitores e não ficam a dever ao que é publicado em grandes obras.

Muitas vezes, ao me deparar com artigos desse jaez, publicados em periódicos semanais, quase sempre de tiragem limitada e, por isso mesmo, condenados ao pó do esquecimento, fico a me perguntar: por que não se reúnem tais escritos, escolhidos dentre os melhores, à guisa de coletânea, de modo a compor um novo livro que lhes garanta maior divulgação e perenidade? Muitos desses artigos são reeditados sucessivamente e, dessa forma, poderiam alcançar milhares de leitores?

Assim, é com grande satisfação que vejo enfeixados em nova obra, sob os auspícios da FEB Editora, o livro intitulado *Allan Kardec*: a grandeza de um homem, de autoria do beletrista baiano Adilton Pugliese, que há mais de quarenta anos milita no Movimento Espírita de sua terra natal, com ênfase nas atividades administrativas, doutrinárias e de Unificação, já tendo exercido o honroso cargo de presidente da Federação Espírita do Estado da Bahia (Feeb) e integrado o corpo de colaboradores de várias instituições espíritas, notadamente a Mansão do Caminho, obra assistencial do Centro Espírita Caminho da Redenção, fundada em 1952, por Divaldo Pereira Franco e Nilson de Souza Pereira.

O nosso Adilton não se destaca apenas pelos predicados acima expostos. É também mestre na exposição espírita-evangélico-doutrinária como demonstra a apreciável estatística de mais de duas mil atividades realizadas, envolvendo palestras, seminários, aulas expositivas e cursos diversos.

É autor consagrado, já tendo publicado os seguintes livros, além de outras obras espíritas em vias de publicação:

- ✓ *A obsessão:* instalação e cura
- ✓ *Os anjos guardiães segundo o espiritismo*
- ✓ *Reuniões doutrinárias e mediúnicas no centro espírita*

✓ *Allan Kardec e o centro espírita*
✓ *Reconhecimento a Allan Kardec* (em coautoria)
✓ *O espírito azul*
✓ *Reflexões evangélicas à luz da doutrina espírita*
✓ *Nobres verdades espíritas*
✓ *Daniel Dunglas Home – o médium voador*
✓ *Espiritismo:* Jesus de novo na Terra
✓ *Em busca de sentido da vida*
✓ *Os sete maiores mistérios do universo*
✓ *O livro do destino*
✓ *Regenere-se!*

Como articulista consagrado, vem colaborando há mais de vinte anos em alguns periódicos espíritas de grande circulação nacional, tais como *Reformador*, *Revista Internacional de Espiritismo* (RIE) e *Presença Espírita*, em cujas páginas tem derramado, a mancheias, a verve do seu saber e o brilho da sua inteligência, por meio de artigos ao mesmo tempo simples e eruditos, vazados todos na mais lídima pureza doutrinária e no mais acendrado amor aos semelhantes, tal como Kardec e Jesus nos recomendam.

O livro que ora temos a satisfação de apresentar é uma coletânea de 28 artigos, publicados entre 1998 e 2015 nos veículos de comunicação acima citados. Leva o sugestivo título de *Allan Kardec:* a grandeza de um homem, personalidade incomparável, não por acaso escolhida para inspirar os seus escritos, como bem o demonstra a temática de algumas de suas obras, publicadas anteriormente.

Allan Kardec é uma fonte inspiradora inesgotável. Por mais que já se tenha escrito a respeito dele e sua obra, nunca se terá falado bastante sobre a grandeza de um homem incomparável, testado ao longo dos evos quanto à sua fidelidade a Jesus, a ponto de ter sido escolhido para materializar na Terra a promessa do Cristo de Deus de permanecer eternamente conosco, conforme exarado em *João*, 14:15 a 17 e 26.

Daí por que os capítulos se sucedem e se complementam, abordando cada um, por sua vez, uma faceta da vida e da obra do Codificador, em novo ângulo e em apreciação diversa, que talvez até então nos tivessem passado despercebidas, enriquecendo-nos os conhecimentos e tornando maior ainda a nossa admiração pelo grande missionário.

Sem falar da seleção dos artigos que compõem este livro, todos de inegável valor evangélico-doutrinário, Adilton Pugliese não descurou da gramática e da leveza do estilo, de modo que sua obra é um primor de concisão e clareza, simplicidade e objetividade, cuja leitura, por certo, edificará os leitores mais exigentes.

Que a beleza que evola desta obra despretensiosa possa contagiar a quantos lhe compulsem as páginas de luz, envolvendo-os em vibrações de paz, serenidade e amor, indispensáveis à nossa transformação em verdadeiros Homens de Bem.

Brasília (DF), 18 de abril de 2025.

EVANDRO NOLETO BEZERRA

Editor e Tradutor

Allan Kardec

PREFÁCIO

Allan Kardec, o Homem e a Missão

Podemos dizer que a *missão* é que identifica e qualifica o homem ou a mulher.

Com relação a Allan Kardec, foram duas as suas missões na Terra: na primeira, como EDUCADOR, vamos identificar o pedagogista Hippolyte Léon Denizard Rivail, que nasceu em 3/10/1804; e, na segunda, como CODIFICADOR DO ESPIRITISMO, identificaremos ALLAN KARDEC, o primeiro escritor espírita, que surgia no mundo, no dia inesquecível de 18/4/1857. Ele teve, portanto, dois registros de nascimento: a certidão de batismo e *O livro dos espíritos*, que também é o atestado do surgimento da Doutrina Espírita.

Toda a epopeia que envolveu esse homem singular está centrada na missão que recebeu.

A movimentação dos Espíritos por força da Lei de evolução, que utiliza os mecanismos da reencarnação e das causas e dos efeitos, conduzindo os Espíritos para as experiências na vida física, se define na missão atribuída a cada um. Isto está declarado em *O livro dos espíritos*, quando Allan Kardec indaga: "Qual o objetivo da encarnação dos Espíritos?", e recebe como resposta: "Deus lhes impõe a encarnação com o fim de fazê-los chegar à perfeição. Para uns, é expiação; para outros, missão. [...]".[1]

Todos têm a sua missão, o seu apostolado, o seu sacerdócio, expresso em tarefas, provas, expiações, compromissos, deveres, obrigações, metas... E as raízes desses compromissos perdem-se, muitas vezes, no tempo infinito do pretérito.

Não foi diferente com Allan Kardec. As conexões entre o seu Espírito e a missão assumida estão entrelaçadas. Formulada por Jesus, a consolidação da meta exigiu longos séculos de preparação do missionário e, também, da equipe que com ele colaborou. Podemos dizer que foi a declaração e a *formulação das diretrizes da missão*, por parte de Jesus, que fizeram surgir as personalidades que esse Espírito animou em suas anteriores experiências terrestres. Aliando a sua *capacidade humana* à sua *capacidade espiritual,* Allan Kardec é o *gigante moral* que assumiu a sua missão e a concretizou, deixando o seu legado aos espíritas do seu tempo e do futuro.

Os textos deste livro relembram momentos ou fazem conexões com a vida desse homem especial, missionário do Cristo na Terra, que renasceu com o compromisso de consolidar o advento da sua promessa de amor: a vinda do Consolador, fato concretizado em meados do século XIX, em Paris, França.

Como se trata de coletânea de crônicas diferenciadas e autônomas, independentes entre si, consoante o tema abordado,

[1] Nota do Autor: KARDEC, Allan. *O livro dos espíritos.* 93. ed. 9. imp. (Edição Histórica). Brasília: FEB, 2019. q. 132.

serão identificadas repetições de alguns fatos históricos, citações, comentários etc.

A bibliografia utilizada está citada nas referências de fim de página.

Salvador (BA), 3 de outubro de 2024.

(Homenagem pela passagem de aniversário de nascimento de Allan Kardec – 220 anos – 1804-2024.)

Adilton Pugliese

Allan Kardec

1

ALLAN KARDEC: A GRANDEZA DE UM HOMEM

O Espírito Vianna de Carvalho destaca que é num momento de expressivas e complexas realidades que aparece *O livro dos espíritos, como resposta do Céu às perguntas aflitas da Terra* e que todas as armas se levantam contra o livro monumental, mas que Allan Kardec estava preparado para a reação. *O livro dos espíritos* veio e ficou. Seus ensinamentos estão aí, insuperáveis, atravessando os tempos.[2]

Muitas vezes, estudando o Espiritismo, nos deixamos envolver pela emoção ao analisar a Obra de Allan Kardec, ou seja, os livros publicados, a *Revista Espírita*, a criação da Sociedade Parisiense de Estudos Espíritas (Spee), as viagens por ele realizadas, e refletimos sobre Kardec diante da obra, ou seja, suas atitudes, sua coragem e destemor, *"[...] é uma lição de grandeza em quem não deseja ser grande"*.[3]

---

[2] FRANCO, Divaldo. *À luz do espiritismo*. Pelo Espírito Vianna de Carvalho. 6. ed. Salvador: Leal, 2002. p. 24.

[3] MIRANDA, Hermínio C. *Nas fronteiras do além*. 5. ed. 2. imp. Brasília: FEB, 2014. cap. 1 – A obra de Kardec e Kardec diante da obra.

Muitas vezes também meditamos em torno do pensamento do Espírito Joanna de Ângelis, em *Vida feliz*:

> A grandeza de um homem pode ser medida pela sua capacidade de serviço ao próximo, de humildade e de amor. Homens grandes chamam a atenção e projetam sombra. Os grandes homens tornam-se claridade inapagável, apontando rumos libertadores.[4]

Em outra obra de sua autoria ela enfatiza que "mede-se o cristão por especial mensura: da cabeça para cima, de acordo com as conquistas morais, os seus ideais em pauta".[5]

Dezoito de abril de 1857 não é apenas a data da publicação de *O livro dos espíritos*. É, também, a do surgimento do Espiritismo na Terra e, igualmente, a data em que Allan Kardec consolida a promessa de Jesus sobre a vinda do Consolador, por Ele prometido, dezoito séculos antes.

A concretização dessa missão teve momentos dramáticos. Um deles – acreditamos talvez o mais decisivo –, foi em reunião realizada, a 12 de junho de 1856, em Paris. Ele era ainda o Professor Rivail, Hippolyte Léon Denizard Rivail, estava com 51 anos e, desde 1854, começou a receber informações sobre

---

[4] FRANCO, Divaldo. *Vida feliz*. Pelo Espírito Joanna de Ângelis. 10. ed. Salvador: Leal, 2020. p. 230.

[5] Id. *Rumos libertadores*. Pelo Espírito Joanna de Ângelis. 3. ed. Salvador: Leal, 2008. p. 64.

os fenômenos das mesas girantes. A partir de 1855, iniciou as suas experiências, mantendo contato com os Espíritos nos encontros realizados nos *grupos precursores*, nas residências da médium Sr.ª Plainemaison, das famílias Baudin e Japhet, dentre outros.

A reunião foi em casa do Sr. Carlotti, amigo do professor Rivail e a médium a Srt.ª Aline Carlotti, por meio de quem um Espírito se comunica e se apresenta como *A Verdade*, o qual já havia se apresentado em momento anterior, em 25 de março de 1856. Mas, naquele 12 de junho de 1856, o Espírito iria fazer o convite decisivo, declarando ao professor que ele tinha uma missão especial, a missão de um Reformador, declarando-lhe: "Previno-te de que *é rude* a tua [missão], porquanto se trata de abalar e transformar o mundo inteiro".[6]

> Tens que expor a tua pessoa. Suscitarás contra ti ódios terríveis; inimigos encarniçados se conjurarão para tua perda; ver-te-ás a braços com a malevolência, com a calúnia, com a traição mesma dos que te parecerão os mais dedicados; [...] sucumbirás sob o peso da fadiga; numa palavra: terás de sustentar uma luta quase contínua, com sacrifício de teu repouso, da tua tranquilidade, da tua saúde e até da tua vida [...].[7]

---

[6] KARDEC, Allan. *Obras póstumas*. 41. ed. 1. imp. Brasília: FEB, 2019. pt. segunda, cap. Extratos, *in extenso*, do livro..., it. Minha missão.

[7] Id. Ibid.

Esclarecendo ao futuro Codificador que *para tais missões não basta a inteligência*,[8] traça então o *perfil de liderança:* acima de tudo *agradar a Deus*,[8] para isso deveria ter *humildade*, *modéstia* e *desinteresse*; e *lutar contra os homens*[8] sendo *indispensáveis coragem*, *perseverança* e *inabalável firmeza*. E conclui, afirmando-lhe que a: "missão está subordinada a condições que dependem de ti [dele]".[8]

É um momento decisivo, porque o professor poderia aceitar ou recusar a missão. A resposta de Rivail, em sentida prece, é a atitude da humildade e a do missionário consciente de suas obrigações:

> Senhor! [...] faça-se a tua vontade! Está nas tuas mãos a minha vida; dispõe do teu servo. [...] dá-me as forças físicas e morais que me forem necessárias. Ampara-me nos momentos difíceis [...], tudo envidarei para corresponder aos teus desígnios.[9]

Mais de um século e meio depois, recordando esses momentos históricos e heroicos da vida do Codificador, nos debruçamos sobre a mensagem ditada pelo Espírito Vianna de Carvalho ao médium Divaldo Franco, intitulada *Hosanas ao*

---

[8] KARDEC, Allan. *Obras póstumas*. Trad. Guillon Ribeiro. 41. ed. 1. imp. Brasília: FEB, 2019. pt. segunda, cap. Extratos, *in extenso*, do livro..., it. A minha primeira iniciacao no Espiritismo, subit. Minha missão.

[9] Id. Ibid.

Sesquicentenário de O livro dos espíritos,[10] e então percebemos a gravidade daquele momento que vivia a Humanidade, no século XIX. O cenário da Terra era dramático, ameaçador e perigoso. Hoje ainda há desafios imensos, mas o Consolador está entre nós!

O poeta brasileiro catarinense Cruz e Souza (João da Cruz e Souza (1861-1898)), através da mediunidade de Francisco Cândido Xavier (1910-2002), em belo soneto intitulado *Falando à Terra*, oferece-nos comovedora imagem da Morada Terrestre, quando da reencarnação do Codificador e as consequências do advento de *O livro dos espíritos*:

> Apóstolo da luz ditosa e bela,
> Quando desceste da Divina Altura,
> Surgia a Terra desolada e escura
> Por agressiva e torva cidadela.
>
> Qual nau sublime que se desmantela,
> Naufragava na sombra a fé mais pura
> E envolvia-se o templo da cultura
> No turbilhão de indômita procela...
>
> Mas trouxeste equilíbrio ao caos nefando,
> E *O livro dos espíritos*, brilhando,
> Rompe a noite mental, espessa e fria!

---

[10] FRANCO, Divaldo. *Espiritismo e vida*. Pelo Espírito Vianna de Carvalho. 1. ed. Salvador: Leal, 2009. cap. 18.

> Ante o sol da Verdade a que te elevas,
> Revelaste Jesus ao mundo em trevas
> E acendeste o clarão do Novo Dia.[11]

Como Vianna de Carvalho declara, "após o letargo em que mergulharam as inteligências por largos séculos, proibidas pela intolerância clerical de racionar em torno da vida e das legítimas aspirações do ser humano, espocaram as reações do pensamento filosófico e da experimentação científica", surgindo então novas frentes libertadoras do pensamento. Entretanto, declara o *Tribuno de Icó*: "o Materialismo se instalou soberano nas academias, agora livres do imperialismo cruel das religiões ultramontanas [...]", porém, "tão arrogante quanto as crenças espiritualistas que o antecederam". E continua:

> Homens e mulheres notáveis engalfinharam-se em contendas injustificadas, enquanto cientistas respeitáveis deixaram-se dominar pela necessidade de junto aos pensadores exterminar Deus e a fé religiosa nas mentes e nos corações, dando lugar a um grande vazio existencial.[12]

Podemos encontrar exemplos em dois episódios da História:

---

[11] *REFORMADOR.* ano 95, n. 1.777, p. 103, abr. 1977.

[12] FRANCO, Divaldo. *Espiritismo e vida*. Pelo Espírito Vianna de Carvalho. 1. ed. Salvador: Leal, 2009. p. 115-116.

Conta-se que Pierre-Simon de Laplace (1749-1827) matemático, físico e astrônomo francês, ao entregar o livro de sua autoria, *Mecânica celeste*, ao imperador Napoleão Bonaparte (1769-1821), ouviu o seguinte comentário do soberano: "soube que você escreveu este grande livro sobre o sistema do Universo e jamais sequer mencionou o seu Criador".[13] O cientista, então, teria replicado com uma histórica frase, que ficou célebre: "Je n'ai pas eu besoin de cette hypothèse" (Eu não precisei fazer tal suposição).[13]

Friedrich Nietzsche (1844-1900), pensador alemão, cuja moral era baseada no poder, um dia proclamou a *morte de Deus*.[14] Isso no século XIX. Entretanto, pelo que se sabe, até hoje ninguém foi convidado para o enterro, nem se efetuou nenhum registro funerário da ocorrência nos cartórios civis do mundo. Tudo não passou de uma alucinação do filósofo, apesar das influências que provocou em vários materialistas de plantão.

Foi nesse *cenário*, em que "naufragava na sombra a fé mais pura" que surgiu *O livro dos espíritos*, apresentado por Allan Kardec, no dia 18 de abril de 1857, "como débil claridade na imensidão das sombras...". Vianna de Carvalho declara no seu texto que *O livro dos espíritos* é um tesouro de lógica, de ética, de conhecimentos e de informações. Um tesouro que

---

[13] Disponível em: pt.wikipedia.org/wiki/Pierre_Simon_Laplace. Acesso em: 10 mar. 2023.

[14] NIETZSCHE, Friedrich. *Assim falava Zaratustra*. 3. ed. São Paulo: Editora Escala, 2008. p. 22.

veio dos Espíritos imortais. Vianna aponta as riquezas desse tesouro em sua obra *Espiritismo e vida,* capítulo 18:

> Libertou Deus do antropomorfismo em que O encarceraram através dos milênios, explicando o que são o espírito e a matéria, a criação, a morte e a reencarnação, a Justiça Divina, as leis morais da vida, as esperanças e as consolações, oferecendo a visão de Deus como "causa primeira de todas as coisas";
>
> Examinou a Moral do ponto de vista dos imortais, oferecendo luz à Ciência;
>
> Apresenta o Espiritismo como modelo de doutrina científica, filosófica e moral de consequências religiosas e como uma ciência *sui generis,* porque estuda o ser humano em sua estrutura íntima, como princípio inteligente do Universo, acompanhando-o após a disjunção molecular, pelo fenômeno da morte biológica;
>
> Oferece uma Filosofia Comportamental que culmina com a crença em Deus, na imortalidade da alma, na comunicação dos Espíritos, na pluralidade dos mundos habitados, filosofia essa firmada nos postulados ensinados e vividos por Jesus;
>
> Demonstra a sobrevivência do Espírito à desencarnação, por meio da mediunidade; proporciona visão otimista em torno da jornada terrestre,

> assinalando que a responsabilidade pelo progresso ou pelo estacionamento na via do crescimento intelecto-moral é de cada um. Desfez a mitologia em torno dos divinos castigos e das eternas punições, explicando que na consciência humana se encontra gravada a Lei de Deus, do que resultam as alegrias existenciais, os conflitos e as culpas, a felicidade.[15]

Podemos refletir, assim, que a grandeza de *O livro dos espíritos* e da Codificação Espírita, como um todo granítico, deve-se à grandeza, à magnitude moral, ao domínio do saber e à dignidade de Homem de Bem que foi Allan Kardec.

---

[15] FRANCO, Divaldo. *Espiritismo e vida*. Pelo Espírito Vianna de Carvalho. 1. ed. Salvador: Leal, 2009. cap. 18.

2

ALLAN KARDEC E O *PACTO ÁUREO*

SÉCULO XIX. A TERCEIRA REVELAÇÃO DESPONTA.
CUMPRE-SE, FINALMENTE, A PROMESSA DO CRISTO,
O CONSOLADOR NOVOS RUMOS APONTA,
O MUNDO VIVE UM MOMENTO JAMAIS VISTO.

DE HYDESVILLE, INVADEM ENTÃO AS NAÇÕES
FENÔMENOS QUE OS ESPÍRITOS PROMOVEM,
PROVOCANDO ESTUDOS E INDAGAÇÕES
EM TORNO DAS MESAS QUE SE MOVEM.

MAIS TARDE, A CODIFICAÇÃO EM ANDAMENTO,
KARDEC PREVÊ A *UNIFICAÇÃO DO MOVIMENTO*
PARA EVITAR NO FUTURO, O CISMA, O PÁREO.

DEPOIS, NO BRASIL, EM GRANDE CONFERÊNCIA,
INSPIRADA PELA DIVINA PROVIDÊNCIA,
É ASSINADO O ACORDO DO *PACTO ÁUREO*!

Allan Kardec

3

AS DUAS MISSÕES DE ALLAN KARDEC

"Glória a ti, desbravador do Continente da alma!"

(Divaldo Franco, pelo Espírito Vianna de Carvalho – *À luz do espiritismo.*)

Em 11 de julho de 1857, a edição do jornal *Courrier de Paris* estampava extenso artigo do jornalista G. Du Chalard, apresentando aos leitores o seu parecer acerca de *O livro dos espíritos*, lançado por Allan Kardec a 18 de abril do referido ano.

Em seu comentário, Du Chalard informa não conhecer o autor do livro, mas declara: "[...] ficaríamos felizes em conhecê-lo. Aquele que escreveu a introdução que inicia *O livro dos espíritos* deve ter a alma aberta a todos os sentimentos nobres".[16]

Essa referência à personalidade do Codificador da Doutrina Espírita, como possuidor de uma alma *de escol* e virtuosa, foi também caracterizada por dois de seus biógrafos: Henri Sausse e André Moreil.

---

[16] KARDEC, Allan. *Revista Espírita*: jornal de estudos psicológicos. ano 1. jan. 1858. n. 1. Trad. Evandro Noleto Bezerra. 5. ed. 1. imp. Brasília: FEB, 2014. *O livro dos espíritos.*

O primeiro, tracejou a vida de Allan Kardec num texto de conferência, lido "por ocasião da solenidade com que os espíritas de Lyon celebraram, a 31 de março de 1896, o 27º. aniversário do seu decesso".[17] Essa biografia poderá ser lida, na íntegra, no livro *O que é o espiritismo*, publicado pela Federação Espírita Brasileira.

André Moreil, em 1961, publicou, em Paris, por Editions Sperar, *La vie et l'œuvre d'Allan Kardec,* traduzido no Brasil em 1965, com prefácio de Herculano Pires.

"Denizard Rivail",[17] declara Sausse, "era um alto e belo rapaz, de maneiras distintas, humor jovial na intimidade, bom e obsequioso" e que "desde o começo de sua juventude, ele se sentiu atraído para a Ciência e para a Filosofia".[17]

A primeira missão desse valoroso Espírito que codificou o Espiritismo foi como pedagogo emérito, laureado em sua pátria, tendo escrito e lançado, a partir de 1824, então com 20 anos, várias obras sobre aritmética e gramática francesa, muitas delas adotadas pela Universidade de França. Essa era a missão de Hippolyte Léon Denizard Rivail.

Contudo, além da "carreira pedagógica",[18] outra missão "o chamava a uma tarefa mais onerosa, a uma obra maior",[18] e, "ele sempre se mostrou à altura da missão gloriosa que lhe estava reservada".

---

[17] KARDEC, Allan. *O que é o espiritismo*. Trad. Redação de *Reformador* em 1884. 56. ed. 1. imp. Brasília: FEB, 2013. Biografia de Allan Kardec.

[18] Id. Ibid.

André Moreil chama de *vida do homem laico* a primeira etapa da existência de Allan Kardec, desde o seu nascimento, em 3 de outubro de 1804, até 1854, quando se encontra com o Sr. Fortier e, pela primeira vez, ouve falar das mesas girantes.[19]

Nesse primeiro período de meio século, Moreil destaca a infância do menino Rivail: educado na atmosfera correta, "o espírito de justiça e de honestidade foi-lhe inculcado pelo pai íntegro".[20]

No Instituto de Yverdon, na Suíça, onde ingressa em 1814, o jovem Rivail encontrou na doutrina e no exemplo do educador Pestalozzi (1746-1827) "o modelo de homem íntegro que ele mesmo foi e que se tornou, também, o ideal da moral espírita".[21] "O jovem escolar lionês, ao qual os destinos reservariam sublime missão, logo se revelou um dos discípulos mais fervorosos do insigne pedagogista suíço".[22]

Em seguida à "*vida de homem laico*", aquela em que se notabilizou sob o nome do *professeur H.L.D. Rivail*, passaria à "*vida de homem universal*", a partir de maio de 1855, quando

---

[19] KARDEC, Allan. *Obras póstumas*. 41. ed. 1. imp. Brasília: FEB, 2019. pt. segunda, cap. Extratos, *in extenso*, do livro..., it. A minha primeira iniciação no espiritismo.

[20] MOREIL, André. *Vida e obra de Allan Kardec*. 1. ed. Brasília: Edicel, 1986. p. 21.

[21] Id. Ibid. p. 24.

[22] THIESEN, Francisco. WANTUIL, Zêus. *Allan Kardec*: o educador e o codificador. 4. ed. 1. imp. Brasília: FEB, 2019. pt. primeira, cap. 7 – Estudante em Yverdon.

começa os seus "estudos sérios em Espiritismo" ao perceber, nos fenômenos das mesas que giravam, saltavam e corriam, "a chave do problema tão obscuro e tão controvertido do passado e do futuro da Humanidade",[23] compreendendo "a gravidade da exploração que ia empreender".[23] Nasceria, então, em 18 de abril de 1857, *Allan Kardec*, nome que tivera em antiga reencarnação na Gália, adotando-o como pseudônimo, e que o imortalizaria como *Codificador do Espiritismo.*

A *missão primordial* que estava destinada a esse bravo Espírito exigia-lhe, assim, significativa estrutura moral e profunda percepção dos fatos de que era testemunha e de que aqueles fatos, antes de serem "aparentes futilidades"[24] eram, em suma, "toda uma revolução nas ideias e nas crenças".[25]

Graças a essa delicada percepção e capacidade intuitiva de Allan Kardec, uma "alma aberta a todos os sentimentos nobres"[26], é que lhe foi possível concretizar, em pouco menos de 15 anos, de 1854 a 31 de março de 1869, quando desencarnou, a obra de sua vida, a cujo cumprimento adicionou comovente testemunho: "Dei-lhe todo o meu tempo, sacrifiquei-lhe o meu repouso, a minha saúde, porque o futuro estava escrito,

---

[23] KARDEC, Allan. *O que é o espiritismo.* Trad. Redacao de *Reformador* em 1884. 56. ed. 1. imp. Brasília: FEB, 2013. Biografia de Allan Kardec.

[24] Id. Ibid.

[25] Id. Ibid.

[26] KARDEC, Allan. *Revista Espírita*: jornal de estudos psicológicos. ano 1. n. 1. jan. 1858. Trad. Evandro Noleto Bezerra. 5. ed. 1. imp. Brasília: FEB, 2014. *O livro dos espíritos.*

diante de mim, em letras irrecusáveis".[27] E o resultado desse sacrifício, desse desprendimento, está consignado no artigo de Du Chalard, que conclui:

> *O livro dos espíritos*, do Sr. Allan Kardec, é uma página nova do grande livro do infinito [...].
>
> [...]
>
> A todos os deserdados da Terra, a todos os que caminham e caem, regando com suas lágrimas o pó da estrada, diremos: Lede *O livro dos espíritos*; isso vos tornará mais fortes. Também aos felizes, aos que pelos caminhos só encontram os aplausos da multidão ou os sorrisos da fortuna, diremos: Estudai-o; ele vos tornará melhores.[28]

Obrigado, Allan Kardec, Mestre do Espiritismo! Os espíritas de todos os tempos saúdam-te, sempre, a vida exemplar.

---

[27] KARDEC, Allan. *Obras póstumas.* 41. ed. 1. imp. Brasília: FEB, 2019. pt. segunda, cap. Constituição do espiritismo, it. X Allan Kardec e a nova constituição.

[28] KARDEC, Allan. *Revista Espírita*: jornal de estudos psicológicos. ano 1, n. 1, jan.1858. Trad. Evandro Noleto Bezerra. 5. ed. 1. imp. Brasília: FEB, 2014. *O livro dos espíritos.*

4

A DESENCARNAÇÃO DE ALLAN KARDEC

Durante a tarde e a noite de 31 de março de 1869, os espíritas da cidade de Lyon, na França, receberam correspondências assinadas pelo Sr. E. Muller, nestes termos:

> Amigos, faleceu o Sr. Allan Kardec; será sepultado sexta feira. Acabo de vê-lo. Penetrei na entrada toda atravancada de utensílios domésticos, a porta escancarada da sala de sessões deixou-me avistar a desordem dos preparativos de mudança; introduzido no pequeno salão que bem conheceis, com seu tapete vermelho e móveis antigos, deparei com a Sr.ª Allan Kardec, sentada no lugar do sofá em frente à lareira, tendo ao lado o Sr. Delanne; à sua frente, sobre dois colchões lançados ao solo, jazia o corpo inanimado daquele que tanto prezávamos. A cabeça, coberta por um lenço branco amarrado sob o queixo, deixava ver todo o rosto, que parecia descansar tranquilamente e estar gozando o prazer doce e calmo do dever cumprido. [...] Era triste; todavia, um sentimento de suave quietude penetrava a alma; tudo na casa era desordem, caos, morte, mas tudo parecia calmo, ridente e ameno; diante

> desses despojos o pensamento projetava-se para o futuro.[29]

Mais de um século e meio nos separam desse pesaroso momento do Movimento Espírita nascente, quando, na manhã de 31/3/1869, entre 11 e 12 horas, com 65 anos incompletos, o coração de Hippolyte Léon Denizard Rivail – Allan Kardec, detém-se para sempre, em consequência da ruptura de um aneurisma, quando ultimava as providências para mudar de residência. Lendo os relatos impregnados de emoção e tristeza, contidos no histórico comunicado do Sr. Muller, grande amigo de Kardec e de sua esposa, é difícil conter as lágrimas. É impressionante a fragilidade e a emotividade humanas perante a morte. A sensação de perda, de separação, ainda está enraizada em nosso íntimo, embora, os espíritas, saibamos e tenhamos certeza acerca da imortalidade. Porém, "a morte de um homem, seja ele quem for, também me diminui, porque eu faço parte do gênero humano".[30] E a morte daquele que se chamou na Terra Allan Kardec traduz-se em especial instante na história da Humanidade e dos seus missionários.

"Será possível que Deus" – exclamaria em 2 de abril de 1869, junto aos despojos de Kardec, o Sr. Levent, vice-presidente da Sociedade Espírita de Paris, no cemitério de Montmartre, à

---

[29] MOREIL, André. *Vida e obra de Allan Kardec*. 1. ed. Brasília: Edicel, 1986. p. 85.

[30] BATA, Ângela Maria La Salla. *Maturidade psicológica*. 9. ed. São Paulo: Pensamento. p. 74.

sua frente cerca de 1.200 pessoas, representando amigos, simpatizantes, gente do povo – "tenha chamado a si o homem que ainda podia fazer tanto bem, a inteligência transbordante de seiva, o farol enfim, que nos libertou das trevas e nos fez entrever um novo mundo, muito mais vasto, muito mais admirável que o descoberto pelo gênio de Colombo?".[31] Eram palavras carregadas de emoção, ante o acontecimento inesperado. Contudo, Levent conclui o seu discurso com um pensamento consolador: "*Nada é inútil na Natureza; tudo tem a sua razão de ser, e o que Deus faz é sempre bem feito*".[32]

Após *monsieur* Levent, mais três oradores fizeram seus pronunciamentos. Camille Flammarion, o sábio astrônomo, destacou em brilhante oratória, por cerca de meia hora, o "eminente serviço" que o Codificador prestou à filosofia. Ficou célebre o instante em que exalta a figura do inesquecível Mestre: Ele "era o que eu denominarei simplesmente o *bom senso* encarnado". E, "a imortalidade é a luz da vida, como este refulgente Sol é a luz da Natureza", despede-se: "Até à vista, meu caro Allan Kardec, até à vista!"[33]

Em seguida, falou Alexandre Delanne, pai do famoso escritor Gabriel Delanne (1857-1926), a quem um dia, ainda

---

[31] MOREIL, André. *Vida e obra de Allan Kardec*. 1. ed. Brasília: Edicel, 1986. p. 86.

[32] THIESEN, Francisco. WANTUIL, Zêus. *Allan Kardec*: o educador e o codificador. 4. ed. 1. imp. Brasília: FEB, 2019. pt. quarta, cap. 3 – Missão cumprida; solenes despedidas; depois de Allan Kardec.

[33] Id. Ibid.

menino, Allan Kardec colocou-o em seu colo e vaticinou que ele seria um elemento de destaque no Espiritismo, o que mais tarde se confirmou, tendo ele publicado em 1855, com apenas 28 anos, a sua primeira e famosa obra *O espiritismo perante a ciência*, um clássico da literatura espírita.[34] Alexandre Delanne, que quando da síncope de Kardec foi chamado às pressas, aplicando-lhe massagens e magnetizando-o, porém em vão,[35] discursa em nome das sociedades espíritas da França e do estrangeiro. Em breves palavras, disse "das lágrimas que Kardec enxugou, dos desesperos que acalmou, da esperança que fez nascer nas almas abatidas e desencorajadas."[36]

Finalmente, o Sr. E. Muller faz o seu discurso, em nome da viúva Madame Allan Kardec, Sr.ª Amélie-Gabrielle Boudet (1795-1883), dedicada e fidelíssima companheira do Mestre durante 37 anos "sem nuvens nem desgostos". Em seguida, traça um perfil da notável personalidade de Kardec: a tolerância absoluta era a sua regra. Ele tinha horror à indolência e à ociosidade. E morreu de pé, após imenso labor que acabou por ultrapassar-lhe as forças orgânicas, mas não as do espírito e do coração.

---

[34] LUCENA, Antonio. *Gabriel Delanne. In.*: *Tribuna Espírita*, João Pessoa, PB, out./dez. 1993.

[35] MOREIL, André. *Vida e obra de Allan Kardec*. 1. ed. Brasília: Edicel, 1986. p. 87.

[36] THIESEN, Francisco. WANTUIL, Zêus. *Allan Kardec*: o educador e o codificador. 4. ed. 1. imp. Brasília: FEB, 2019. pt. quarta, cap. 3 – Missão cumprida; solenes despedidas; depois de Allan Kardec.

Vários jornais parisienses e de outras cidades da França e do exterior, noticiaram o retorno do Mestre à Pátria dos Espíritos. Pagès de Noyez, jornalista simpático ao Espiritismo, em 3 de abril de 1869, no jornal *Paris*, declarava:

> Vimo-lo deitado num simples colchão, no meio daquela sala de sessões que ele presidia há tantos anos; vimo-lo com o semblante calmo, como se extinguem os que a morte não surpreende, e que, tranquilos quanto ao resultado de uma vida honesta e laboriosamente preenchida, deixam como que um reflexo da pureza de sua alma no corpo que abandonam à matéria.[37]

Muitas outras homenagens e referências estão registradas nos anais da vida desse homem extraordinário, que foi Allan Kardec. Relembrando esses momentos de sua desencarnação, prestamos, igualmente, nossa sincera e comovida homenagem ao mestre Codificador. A sua partida, nos momentos decisivos da consolidação da Doutrina Espírita, certamente ocorreu no instante decidido por Deus. O mestre infatigável consegue finalmente um pouco de repouso. Nossa profunda tristeza é compensada pela alegria reinante na recepção que lhe prepararam no Alto, declara o Sr. Levent, no seu discurso.

---

[37] THIESEN, Francisco. WANTUIL, Zêus. *Allan Kardec*: o educador e o codificador. 4. ed. 1. imp. Brasília: FEB, 2019. pt. quarta, cap. 3 – Missão cumprida; solenes despedidas; depois de Allan Kardec.

Nesses primeiros momentos do terceiro milênio, de expectativas espirituais otimistas, embora a atmosfera sombria reinante neste mundo de expiações e provas globalizado, os espíritas devemos nos ufanar pelo legado, pela herança recebida do emérito professor lionês. Muitos já partiram deste mundo e nada acrescentaram ou deixaram como exemplo de dedicação e renúncia para ser acrescido ao patrimônio moral da Humanidade. Allan Kardec, em pouco menos de 15 anos, construiu os pilotis, a estrutura fundamental do grande edifício doutrinário do Espiritismo. Nele nos sentimos abrigados e seguros, mas com a honrosa responsabilidade de dar continuidade à obra do Mestre.

5

O PRIMEIRO CENTRO ESPÍRITA DO MUNDO, FUNDADO POR ALLAN KARDEC

Nas *Considerações preliminares*, da Exposição de Motivos do famoso documento *Constituição do Espiritismo*, escrito por Allan Kardec, constante do livro *Obras póstumas*, publicado em 1890, vinte e dois anos após o lançamento da última obra da Codificação; e *A gênese*, e vinte e um anos posteriormente à sua desencarnação, o mestre destaca que "O Espiritismo teve, como todas as coisas, o seu período de gestação" e declara, ainda:

> Enquanto ele não passava de uma opinião filosófica, não podia contar, da parte de seus adeptos, senão com a simpatia natural que a comunhão de ideias produz; nenhum laço sério podia existir entre eles, por falta de um programa claramente traçado. Esta, evidentemente, a causa fundamental da débil coesão e da instabilidade dos grupos e sociedades que se formaram. Por isso mesmo, constantemente procuramos, e com todas as nossas forças, afastar os espíritas do propósito de fundarem prematuramente qualquer instituição

> especial com base na Doutrina, antes que esta assentasse em alicerces *sólidos.*[38]

No mesmo importante documento, o meticuloso organizador e comentarista de *O livro dos espíritos* considera que teria sido imprevidente se não considerasse as dificuldades que poderiam surgir para a consolidação da Doutrina, e declara que: "Com o intuito de evitá-las foi que elaboramos um plano de organização, pondo em jogo a experiência do passado, a fim de evitar os escolhos contra que se chocaram a maioria das doutrinas que apareceram no mundo".[39]

Assim, após o impacto da primeira fase, que foi a organização e o lançamento da obra básica, que é o *O livro dos espíritos*, Kardec empreendeu importantes ações, a exemplo das quatro obras posteriores, que comporiam o chamado *Pentateuco Kardequiano*; a publicação da *Revista Espírita* e as *Viagens de Propaganda Espírita*, essas últimas realizadas em 1860, 1861, 1862, 1864 e 1867.

Contudo, um arrojado objetivo foi o da criação da Spee. Kardec foi meticuloso, paciente, soube esperar o momento certo para lançar os alicerces da Sociedade a fim de que, caso viessem a ocorrer situações inesperadas, não se arrepender de ter fundado "prematuramente qualquer instituição especial".[39]

---

[38] KARDEC, Allan. *Obras póstumas.* 41. ed. 1. imp. Brasília: FEB, 2019. pt. segunda, cap. Constituição do espiritismo, it. I Considerações preliminares.

[39] Id. Ibid.

A Spee pode ser considerada a primeira Instituição Espírita do mundo, criada de forma organizada, legalmente constituída, com o seu registro de pessoa jurídica, seu estatuto, ata de fundação, assembleias de prestação de contas e eleições etc., considerando que os *grupos precursores* tiveram origem no *ambiente íntimo familiar*, a exemplo das reuniões na Casa do Sr. Roustan, na do Sr. Baudin, na da Sr.ª Plainemaison...

A autorização para o seu funcionamento foi dada pelo Sr. Prefeito de Polícia de Paris, conforme o aviso do Exm.º Sr. Ministro do Interior e da Segurança Geral, em data de 13 de abril de 1858, tal como comunica Allan Kardec aos assinantes da *Revue Spirite* no exemplar de maio de 1858, página 233 onde informa, também, a sua fundação em 1º de abril de 1858.

Na referida publicação o editor destaca:

> A extensão por assim dizer universal que a cada dia tomam as crenças espíritas fazia vivamente desejar-se a criação de um centro regular de observações; essa lacuna acaba de ser preenchida. A Sociedade, cuja formação temos o prazer de anunciar, composta exclusivamente de pessoas sérias, isentas de prevenções e animadas do sincero desejo de serem esclarecidas, contou, desde o início, entre seus associados, com homens eminentes por seu saber e posição social.[40]

---

[40] KARDEC, Allan. *Revista Espírita*: jornal de estudos psicológicos. ano 1, n. 5, mai. 1858. Trad. Evandro Noleto Bezerra. 5. ed. 1. imp. Brasília: FEB, 2014. it. Sociedade Parisiense de Estudos Espíritas.

Na mesma reunião de instalação Kardec foi indicado e tomou posse como o seu primeiro presidente. Foi o primeiro presidente formal de uma Sociedade Espírita.

Passados os primeiros momentos de instalação da Sociedade, Kardec, a partir de julho de 1859, anunciou na *Revista Espírita*:

> Daqui em diante publicaremos regularmente o relato das sessões da Sociedade. Esperávamos fazê-lo a partir deste número, mas a abundância de matérias nos obriga a adiá-lo para a próxima edição. Os sócios que não residem em Paris e os membros correspondentes poderão, assim, acompanhar os trabalhos da Sociedade.[41]

E, realmente, a partir do exemplar de agosto de 1859, passou a divulgar o Boletim da nova Instituição Espírita.

Em janeiro de 1861, ao publicar *O livro dos médiuns,* reforça o capítulo que escreveu, nesse livro, sobre a organização, condução e todo o sistema operacional das reuniões experimentais, ali introduzindo o Regulamento da Sociedade Parisiense de Estudos Espíritas, que teria como objeto "o estudo de todos os fenômenos relativos às manifestações

---

[41] KARDEC, Allan. *Revista Espírita*: jornal de estudos psicológicos. ano 1, n. 5, mai. 1858. Trad. Evandro Noleto Bezerra. 5. ed. 1. imp. Brasília: FEB, 2014. It. Boletim da Sociedade Parisiense de Estudos Espíritas.

espíritas e suas aplicações às ciências morais, físicas, históricas e psicológicas".[42]

Quando a Spee completou quatro anos de existência, em 1º de abril de 1862, Kardec elaborou um relatório, em forma de discurso, que pronunciou "na abertura do ano social", prestando contas das atividades desenvolvidas pela Instituição. No seu pronunciamento, fala do concurso recebido da Espiritualidade, para consolidar a sua constituição; das dificuldades enfrentadas, porque tinha "em seu seio elementos de dissolução" e de que "sua existência chegou mesmo, em certa ocasião, a ser comprometida".[43]

Há um momento, no discurso, em que encontramos os primeiros sinais do atual modelo Unificacionista do Movimento Espírita Nacional, competentemente dinamizado pela Federação Espírita Brasileira, por meio das atividades conhecidas como *federativismo*:

> Naturalmente, senhores, cabe aqui uma observação muito importante sobre a natureza das relações entre a Sociedade de Paris e as reuniões ou Sociedades fundadas sob os seus auspícios, e que seria erro considerar como sucursais. A

[42] KARDEC, Allan. *O livro dos médiuns*. 81. ed. 9. imp. Brasília: FEB, 2020. pt. segunda, cap. 30 – Regulamento da Sociedade Parisiense de Estudos Espíritas, subt. Fins e formação da Sociedade, art. 1º.

[43] KARDEC, Allan. *Revista Espírita*: jornal de estudos psicológicos. ano 4, n. 6, jun. 1862. Trad. Evandro Noleto Bezerra. 4. ed. 1. imp. Brasília: FEB, 2022. it. Discurso do Sr. Allan Kardec na abertura do ano social, em 1º de abril de 1862.

Sociedade de Paris não tem, sobre aquelas, outra autoridade senão a da experiência, mas, como já disse em outra ocasião, não se imiscui em seus negócios; seu papel limita-se a conselhos oficiais, quando solicitados. O laço que as une é, pois, puramente moral, fundamentado na simpatia e na similitude das ideias; entre elas não há *nenhuma filiação, nenhuma solidariedade material*; a única palavra de ordem é a que deve unir todos os homens: *caridade e amor ao próximo*, palavra de ordem pacífica e que não deixa margem a dúvidas.[44]

Passado mais de um século e meio da fundação da *Sociedade de Paris*, os ideais Unificacionistas em torno dos centros espíritas – que no Brasil têm o seu ponto de germinação no histórico Pacto Áureo, em 5 de outubro de 1949 – com base *num laço puramente moral, alicerçado na simpatia e na similitude de ideias*, permanecem como o motivador ideal, aglutinador e fortalecedor da *atividade-meio* da Doutrina Espírita, desenvolvida por homens e Espíritos, visando a excelência da *atividade-fim*, que é o seu estudo, a sua divulgação, a sua semeadura, a sua prática pelo maior número possível de mentes e corações.

[44] KARDEC, Allan. *Revista Espírita*: jornal de estudos psicológicos. ano 4, n. 6, jun. 1862. Trad. Evandro Noleto Bezerra. 4. ed. 1. imp. Brasília: FEB, 2022. it. Discurso do Sr. Allan Kardec na abertura do ano social, em 1º de abril de 1862.

6

O QUE TEM FEITO O ESPIRITISMO NA TERRA? ALLAN KARDEC RESPONDE

"Espiritismo! Doutrina consoladora e bendita! Felizes dos que te conhecem e tiram proveito dos salutares ensinamentos dos Espíritos do Senhor!"

(Dufêtre, bispo de Nevers).[45]

A maior emoção de Allan Kardec era observar o crescimento da Doutrina, nos primordiais momentos históricos da sua Codificação.

Fazia bem, à alma do Mestre, notar que os seus esforços e dos companheiros das primeiras horas do advento do Consolador, orientadas pelos Espíritos Superiores, eram recompensados com o noticiário que recebiam de todo o mundo, de diversas cidades, acerca das experiências de intercâmbio com o invisível, as quais redundaram em comunicações dos

[45] KARDEC, Allan. *O evangelho segundo o espiritismo*. 131. ed. 13. imp. (Edição Histórica). Brasília: FEB, 2019. cap. 10 – Bem-aventurados os que são misericordiosos, it. 18.

Espíritos, que o Codificador, muitas delas, inseriu nas obras básicas do Espiritismo.

Assinados por personalidades que se notabilizaram, de alguma forma, no mundo físico, quando encarnadas, esses textos eram em sua maioria de caráter consolador, fazendo referência aos ensinamentos do Cristo, estabelecendo sugestões de comportamento ou estimulando a coragem, a perseverança, o entusiasmo, a resignação.

A atividade mais gratificante para Allan Kardec, quando não estava organizando as obras fundamentais, para compor o *Pentateuco Kardequiano*, que se seguiriam ao lançamento de *O livro dos espíritos*, que constitui o *núcleo*, o epicentro do pensamento dos Espíritos, era cuidar da correspondência, junto com a sua dedicada companheira, a professora Amélie Boudet. Na intimidade da sua residência ou em seu gabinete na Spee, Allan Kardec dedicava muitas horas à leitura das cartas dos seus correspondentes da *Revista Espírita* e de inúmeras pessoas que lhe transmitiam informações acerca de seus experimentos paranormais ou ofereciam críticas, objeções, depoimentos, sugestões e contribuições valiosas.

Várias dessas cartas o Mestre transcreveu e comentou na *Revista Espírita*: o jornal de estudos psicológicos, publicada sob a sua direção, em Paris. Desde o primeiro número, lançado em 1º de janeiro de 1858, encontramos comovedoras declarações:

De um capitão reformado, após a leitura de *O livro dos espíritos*: "assemelho-me a um homem que saiu da obscuridade;

[...]. Quem quer que leia esse livro meditando, como eu, encontrará tesouros inesgotáveis de consolações, pois que ele abarca todas as fases da existência".[46]

De um missivista que se declara "um simples filho do povo":

> Não sei como vos exprimir todo o meu reconhecimento pela publicação de *O livro dos espíritos*, que sinto depois de o ler. Como é consolador para nossa pobre humanidade o que nos fizestes saber! De minha parte, confesso-vos que estou mais forte e mais corajoso para suportar as penas e os aborrecimentos ligados à minha pobre existência.[47]

É de se supor que, muitas vezes, o professor Rivail tenha lido, em voz alta, com a sua querida esposa, cartas de pessoas simples e humildes, que lhe testemunhavam o reflexo, em suas vidas, após a leitura de *O livro dos espíritos* e de *O evangelho segundo o espiritismo*, por terem haurido, nessas obras, a consolação para os seus infortúnios, para as suas crises existenciais, sobretudo com a perda de seres queridos e os reveses da vida. Certamente, em muitas ocasiões, após essas leituras, lágrimas

---

[46] KARDEC, Allan. *Revista Espírita*: jornal de estudos psicológicos. ano 1, n. 1, jan. 1858. Trad. Evandro Noleto Bezerra. 5. ed. 1. imp. Brasília: FEB, 2014. it. *O livro dos espíritos.*

[47] Id. Ibid.

de incontida emoção terão descido dos olhos do Codificador e de sua fiel consorte.

"Se me amais, guardai os meus mandamentos; e eu rogarei a meu Pai e ele vos enviará outro Consolador",[48] declarou o Cristo, em momento decisivo do seu apostolado na Terra. Muitos séculos os homens tiveram que aguardar a fim de que essa promessa fosse cumprida. Era indispensável que a mentalidade humana estivesse suficientemente amadurecida, para receber os novos ensinos de caráter científico, filosófico e religioso, que seriam revelados pelos *Espíritos do Senhor*, coordenados por Jesus.

Hoje, a Terra, finalmente, abriga e está abrigada pelo Consolador. Jesus, como antes na Palestina, está novamente nas ruas, desde a alvorada de luz de 18 de abril de 1857, dirigindo-se às multidões, aos famintos do *pão espiritual*, aos sedentos da *água viva que uma vez bebida nunca mais voltar-se-á a ter sede.*[49]

Indagados, os espíritas, portanto, acerca do que tem feito o Espiritismo na Terra, na sua ação consoladora, poderemos repetir, com Allan Kardec, consoante o seu discurso pronunciado em 19 de setembro de 1861, na cidade de Lyon, que ele:

> Tem impedido inumeráveis suicídios; restaurou a paz e a concórdia num grande número

[48] *João*, 14:15-16.

[49] *João*, 4:14.

> de famílias; tornou mansos e pacientes homens violentos e coléricos; deu resignação aos que não a tinham e consolações aos aflitos; reconduziu a Deus os que não o conheciam, destruindo-lhes as ideias materialistas, verdadeira chaga social que aniquila a responsabilidade moral do homem. Eis o que tem feito e faz todos os dias, o que fará cada vez mais, à medida que se espalhar.[50]

Em belíssima página[51] o Espírito José Petitinga, através do médium Divaldo Franco, destaca a atualidade da Doutrina Espírita enfatizando que nela encontramos "a fórmula sempre atual para equacionar os complexos problemas da alma humana ainda atribulada e inquieta" e que "ante as conquistas do pensamento, na atualidade, essa doutrina filosófica de consequências morais cresce cada vez mais, superando a clássica fenomenologia para repetir os excertos sublimes de Jesus Cristo, conclamando ao amor e à fraternidade".[51]

---

[50] KARDEC, Allan. *Revista Espírita*: jornal de estudos psicológicos. ano 4, n. 10, out. 1861. Trad. Evandro Noleto Bezerra. 4. ed. 1. imp. Brasília: FEB, 2019. it. Discurso do Sr. Allan Kardec.

[51] FRANCO, Divaldo. *Crestomatia da imortalidade*. Espíritos diversos. 4. ed. Salvador: Leal, 2002. p. 43.

Allan Kardec

7

O SEGREDO DE ALLAN KARDEC

Relata o escritor Richard Simonetti, que:

> [...] no livro *A república*, Platão, filósofo grego que viveu entre 428 e 348 a.C., coloca nos lábios do também filósofo grego Sócrates (470 a.C.-399 a.C.), interessante metáfora, ou seja, um sentido figurado, relacionada com nossa visão da realidade: numa caverna vivem seres humanos. Ali nasceram. Dali nunca saem. Estão acorrentados, em tal disposição, que só podem observar o que está à sua frente. Por trás deles arde uma fogueira. A luz do fogo projeta sombras na parede. É tudo o que veem. Seu mundo é feito de sombras.[52]

O que pode ser deduzido dessa imagem, dessa metáfora que ficou conhecida como *o mito da caverna*?

> A caverna simboliza as limitações impostas pelos sentidos e pela ignorância. Impedem as pessoas de ver o mundo real, que Platão chama universo das ideias. A fogueira é a experiência sensorial

[52] SIMONETTI, Richard. *Luzes no caminho*. 1. ed. Ferraz de Vasconcelos, SP: Editora Ceac, 2000. p. 59.

> que pouco ilumina, projetando sombras de ilusão nas paredes existenciais. [...]
>
> Alguém desenvolve a sensibilidade, supera a ignorância, conquista o saber, e então, deixa a caverna. Num primeiro momento, deslumbra-se com a luz solar, a visão gloriosa da Natureza. Lamenta o tempo perdido, o comprometimento com as sombras... Decide ajudar os companheiros com sua experiência. Não é bem recebido. Não acreditam nele. Julgam que está delirando. Hostilizam-no.[53]

Muitas criaturas na humanidade terrestre estão prisioneiras em suas cavernas íntimas. Como libertar-se do esconderijo, das prisões invisíveis ou visíveis que as prendem? Idealistas consideram que somente subvertendo a ordem, por meio de uma revolução, de conquistas, de um motim, de movimentos guerreiros e libertários.

Destacam historiadores que:

> [...] nos séculos XI ao XIII oito expedições foram empreendidas pela Europa cristã da época, num movimento que ficou conhecido como Cruzadas, para libertar o chamado Santo Sepulcro das mãos dos muçulmanos, fato que aconteceu a partir de um Concílio realizado na cidade de

---

[53] SIMONETTI, Richard. *Luzes no caminho*. Ferraz de Vasconcelos, SP: Editora Ceac, 2000. p. 59.

> Clermont em 1095 e que durou até 1291. Aos gritos de Deus o quer! foram quase duzentos anos de operação militar, sem que o objetivo fosse alcançado. É como se o mundo espiritual quisesse dizer aos homens: o importante não é onde o corpo de Cristo foi sepultado, mas seguir os Seus ensinamentos, pois são eles que conduzem a criatura na direção do seu progresso espiritual. São eles que libertam.[54]

Jesus sabia dessas lutas que os homens empreenderiam para libertar coisas e objetos, lugares e povos; para nos libertarmos dos vícios, das paixões e da violência e sintetizou, há mais de dois mil anos, o meio de conseguirmos a liberdade: "Então conhecereis a verdade e a verdade vos libertará".[55] O que seria essa verdade? Onde e como encontrá-la?

Permita-me o leitor um depoimento pessoal. Estive, um dia, preso na caverna das ilusões, da insegurança e da incerteza, numa *cruzada* em busca de quimeras, até que num sábado à noite, há quase 40 anos, meu pai colocou em minhas mãos um livro extraordinário, de conteúdo libertador. Esse livro tem uma história. E podemos dizer que essa história começa no mesmo dia em que Allan Kardec publicou em Paris *O livro dos espíritos.*

---

[54] SIMONETTI, Richard. *Luzes no caminho*. Ferraz de Vasconcelos, SP: Editora Ceac, 2000. p. 59.

[55] *João*, 8:32.

Após os acontecimentos que envolveram a sua iniciação no espiritismo, entre os anos de 1854 e 1855, o professor H. L. D. Rivail entra em contato, em fins de 1856, com o livreiro Dentu, na Rue Montpensier, no Palais Royal, em Paris, apresentando-lhe os manuscritos de *O livro dos espíritos*, em cuja capa grafara o pseudônimo que adotara para caracterizar o autor: Allan Kardec, seu antigo nome quando da reencarnação na personalidade de um sacerdote druida, conforme lhe fora revelado pelo Espírito Z..., ou Zéfiro.[56]

Cerca de quatro meses depois, exatamente em 18 de abril de 1857, pela manhã, retornava da tipografia 1.200 volumes da primeira edição de *O livro dos espíritos*, de capa cor cinza, com 501 perguntas.[57] O livreiro conversava com seu amigo, o jornalista Du Chalard, do jornal *Courier de Paris*, a quem presenteia com um exemplar do livro, dizendo-lhe: "Este é o trabalho mais sério até hoje publicado na França, sobre os Espíritos; é uma obra edificante e serena",[58] e pede-lhe que dê, depois de ler o livro, o seu parecer aos leitores do jornal.

E, efetivamente, mais tarde, na edição de 11 de julho de 1857, Du Chalard publica extenso artigo de sua autoria:

---

[56] THIESEN, Francisco. WANTUIL, Zêus. *Allan Kardec*: o educador e o codificador. 4. ed. 1. imp. Brasília: FEB, 2019. pt. segunda, cap. 1 – A fagulha da renovação.

[57] ABREU, Canuto. *O livro dos espíritos e sua tradição histórica e lendária*. 1. ed. São Paulo: Edições LFU, 1992. p. 42.

[58] Id. Ibid. p. 43-44.

> *O livro dos espíritos*, do Sr. Allan Kardec, é uma página nova do grande livro do infinito, e estamos persuadidos de que um marcador assinalará essa página [...]. Não conhecemos absolutamente o autor, mas confessamos abertamente que ficaríamos felizes em conhecê-lo. Aquele que escreveu a introdução de *O livro dos espíritos* deve ter a alma aberta a todos os sentimentos nobres. [...]
>
> A todos os deserdados da Terra, a todos quantos avançam e caem, regando com as lágrimas o pó da estrada, diremos: Lede *O livro dos espíritos*, isso vos tornará mais fortes. Também aos felizes, aos que pelos caminhos *só encontram* os aplausos da multidão ou os sorrisos da fortuna, diremos: Estudai-o; e ele vos tornará melhores.[59]

Um abade francês, de nome Leçanu, autor de um livro chamado *História de satanás*, assim diz no seu livro: "Observando-se as máximas de *O livro dos espíritos*, de Allan Kardec, faz-se o bastante para se tornar santo na Terra". O escritor francês Victorien Sardou (1831-1908), "leu a obra e, antes mesmo de haver chegado ao fim da leitura, escreveu a Kardec

---

[59] THIESEN, Francisco. WANTUIL, Zêus. *Allan Kardec*: o educador e o codificador. 4. ed. 1. imp. Brasília: FEB, 2019. pt. segunda, cap.1 – A fagulha da renovação.

elogiosa carta", destacando que *O livro dos espíritos* "é o livro da vida, é o guia da Humanidade".[60]

É com esses depoimentos e de outros, que Allan Kardec iniciaria a fase de *Elaboração da Codificação*. Declara Hermínio Miranda (1920-2013), ao analisar *A obra de Kardec e Kardec diante da obra:*

> Concluindo, assim, o trabalho que lhe competia junto aos Espíritos, ainda lhe resta muito a fazer, e o tempo urge. Incumbe-lhe agora inserir a nova doutrina no contexto do pensamento de seu tempo – como se diria hoje. [...] É preciso estudar e expor aos homens os aspectos experimentais implícitos na Doutrina dos Espíritos. Desses aspectos, o mais importante, sem dúvida, é a prática da mediunidade, instrumento de comunicação entre os dois mundos. Sem um conhecimento metodizado da faculdade mediúnica, seria impossível estabelecer as bases experimentais da Doutrina. Daí, *O livro dos médiuns.*
>
> Em seguida, é preciso dotar o Espiritismo de uma estrutura ética. Não *é necessário* criar uma nova moral, já existe a do Cristo.[61]

---

[60] THIESEN, Francisco. WANTUIL, Zêus. *Allan Kardec*: o educador e o codificador. 4. ed. 1. imp. Brasília: FEB, 2019. pt. segunda, cap.1 – A fagulha da renovação.

[61] MIRANDA, Hermínio C. *Nas fronteiras do além*. 5. ed. 2. imp. Brasília: FEB, 2014. cap. 1 – A obra de Kardec e Kardec diante da obra.

Então, durante uma parte de 1863, Allan Kardec *guardou um segredo*: ele estava escrevendo uma nova obra e a ninguém dera ciência do assunto; até o Sr. Didier, o seu editor, somente tomou conhecimento da existência da obra quando do envio para impressão.

Em 9 de agosto resolve ouvir os Espíritos acerca do seu *segredo*, sobre o que eles pensavam a respeito, e obtém como resposta, para surpresa do Codificador, que:

> Esse livro de doutrina terá considerável influência, pois que explanas questões capitais, e *não só o mundo religioso encontrará* nele as máximas que lhe são necessárias, como também a vida prática das nações haurirá dele instruções excelentes. [...][62]

E os Espíritos elogiam Kardec por ter abordado, no livro, as questões de *alta moral prática, do ponto de vista dos interesses gerais, sociais e religiosos.* Os Espíritos preveem que com esse livro Kardec teria grandes dificuldades e que seria violentamente atacado pelo clero da época (que se sentiria muito mais ferido do que com a publicação de *O livro dos espíritos*), mas declaram que confiam nele, na sua resistência, e dizem: "Ao te escolherem, os Espíritos conheciam a solidez

---

[62] KARDEC, Allan. *Obras póstumas*. 41. ed. 1. imp. Brasília: FEB, 2019. pt. segunda, cap. Extratos, *in extenso*, do livro..., it. Imitação do evangelho.

das tuas convicções e sabiam que a tua fé, qual muro de aço, resistiria a todos os ataques".[63]

A esse novo livro Allan Kardec dera, preliminarmente, o título de *Imitação do evangelho segundo o espiritismo*. Porém, mudou-o para *O evangelho segundo o espiritismo* (a partir da segunda edição, em 1865), publicado como a terceira obra da Codificação Espírita, em abril de 1864. A reação foi a sagrada congregação do *Index*, em 1º de maio de 1864, incluir no seu catálogo *todas* as obras de Kardec sobre o Espiritismo![64] Causou estranheza a medida extemporânea, mas logo foi compreendido que *O evangelho segundo o espiritismo* provocara a decisão.

Foi esse livro que meu pai colocou em minhas mãos e eu coloquei no meu coração, e que, certamente, mudaria a minha vida, para sempre.

Na "Introdução" do livro, Allan Kardec explica o objetivo da obra: cada pessoa poder tirar dela os meios de conformar sua conduta moral à do Cristo. Enfatiza o Codificador que os espíritas nela encontrarão as aplicações que lhes concernem mais especialmente. *O ensino moral*, portanto, é a tônica fundamental

---

[63] KARDEC, Allan. *Obras póstumas*. 41. ed. 1. imp. Brasília: FEB, 2019. pt. segunda, cap. Extratos, *in extenso*, do livro..., it. Imitação do evangelho.

[64] THIESEN, Francisco. WANTUIL, Zêus. *Allan Kardec*: o educador e o codificador. 4. ed. 1. imp. Brasília: FEB, 2019. pt. terceira, cap. 2 – Intolerância e perseguições.

de *O evangelho segundo o espiritismo* e Kardec explica por que se fixou nessa parte das matérias contidas nos Evangelhos:[65]

- A parte moral exige a reforma de cada um;
- É uma regra de conduta, que abrange todas as circunstâncias da vida;
- É o caminho infalível da felicidade futura;
- É o princípio de todas as relações sociais fundadas na mais rigorosa justiça.

Realmente, a montagem da estrutura didática de *O evangelho segundo o espiritismo* teve duas finalidades: a explicação das máximas morais do Cristo em concordância com o Espiritismo e as aplicações às diversas circunstâncias da vida, como Kardec exarou no frontispício da obra.

Por que este livro, *O evangelho segundo o espiritismo*, se tornou a obra espírita mais lida e aceita pelos brasileiros, com milhões de exemplares impressos em suas edições, sobretudo por parte da FEB?

Pode-se afirmar que uma questão de fundamental importância da moral do Cristo, em nossas existências, é quanto às consequências de sermos espíritas. Conforme declara Deolindo Amorim (1906-1984):

> Ao estudarmos a Doutrina, conhecemos a sua origem, sua constituição e sua natureza, mas, se

[65] KARDEC, Allan. *O evangelho segundo o espiritismo*. 131. ed. 16. imp. (Edição Histórica). Brasília: FEB, 2019. Introdução.

> depois de tudo isso, não resultasse daí alguma consequência, a Doutrina seria apenas indagação pura, ou, quando muito, simples "devaneio filosófico". O coroamento de tudo quanto estudamos no Espiritismo está justamente na influência que os seus princípios devem ter nos atos de nossa vida.[66]

Saudamo-lo, então, *Livro Luz*, nos mais de 160 anos de existência, e que as suas páginas, que expressam o amor de Jesus pela Humanidade, possam continuar a iluminar as nossas vidas, para sempre, libertando os que se encontram nos redutos da ilusão e nas cruzadas das conquistas efêmeras.

[66] AMORIM, Deolindo. *Doutrina espírita.* 1. ed. Salvador: Círculo Espírita da Oração, 1993. p. 77.

8

RECORDANDO A VIAGEM ESPÍRITA DE ALLAN KARDEC, EM 1862

"Dela recolhemos todos os episódios que, talvez, um dia terão o seu interesse, porquanto já pertencerão à História."[67]

Pode-se afirmar que a previsão do emérito Codificador do Espiritismo vem se confirmando. O detalhado relatório no qual ele deixou registrados os fatos de sua incursão ao interior da França tem atraído o interesse de vários estudiosos da Doutrina Espírita e, sobretudo, inspirado a formulação das diretrizes das atividades unificacionistas que envolvem as atividades das instituições espíritas da atualidade.

A famosa viagem foi, acima de tudo, o atendimento a um convite do Movimento Espírita que já se dinamizava na nação de Victor Hugo, especificamente nas cidades de Lyon e Bordeaux, subscrito por 500 assinaturas. "Apresso-me em vos dizer o quanto sou sensível ao novo testemunho de simpatia que acabais de dar-me", declara Allan Kardec na carta-resposta, publicada na *Revue Spirite* de setembro de 1862, solicitando

[67] KARDEC, Allan. *Viagem espírita em 1862 e outras viagens de Kardec*. Trad. Evandro Noleto Bezerra. 1. ed. Brasília: FEB, 2022. cap. Impressões gerais.

que “não haja banquete”. E explicando, humildemente, os motivos: “[...] Não vou a Lyon para me exibir, nem para receber homenagens, mas para conversar convosco, consolar os aflitos, encorajar os fracos, ajudar-vos com os meus conselhos naquilo que estiver em meu poder fazê-lo. [...]”. No término da carta despede-se, gentil: “Até breve, meus amigos; se Deus quiser terei o prazer de vos apertar as mãos cordialmente”.[68]

Dentre outros acontecimentos, 1862 também fora o ano em que Allan Kardec recebeu da Sociedade Espírita Caridade, de Viena, Áustria, em sessão de aniversário de 18 de maio, o diploma e o título de Presidente Honorário, concedido, por aclamação, ao “digno e corajoso presidente da Sociedade Parisiense de Estudos Espíritas”.[69]

A viagem duraria sete semanas, nos meses de setembro e outubro de 1862. Allan Kardec visitaria 20 cidades, saindo de Paris: Provins, Troyes, Sens, Lyon, Avignon, Montpellier, Cette, Albi, Toulouse, Marmande, Bordeaux, Angoulême, Meschers-sur-Garonne, Royan, Rochefort (Saint-Pierre d’Oléron), Marennes, St.-Jean d’Angély, Sainte-Gemme, Tours e Orléans, deslocando-se através da malha ferroviária francesa por 693 léguas (4.600 km aprox.), assistindo a mais de 50 reuniões.

---

[68] KARDEC, Allan. *Viagem espírita em 1862 e outras viagens de Kardec*. Trad. Evandro Noleto Bezerra. 1. ed. Brasília: FEB, 2022. cap. Resposta de Allan Kardec ao convite dos espíritas de Lyon e de Bordeaux.

[69] MOREIL, André. *Vida e obra de Allan Kardec*. 1. ed. Brasília: Edicel, 1986. p. 67.

Era a terceira viagem que ele realizava para disseminar o conhecimento espírita e estabelecer diretrizes administrativas e organizacionais para o Movimento Doutrinário nascente.

Em comunicação recebida, por via mediúnica, em 1º de agosto de 1862, na Spee, o Espírito Santo Agostinho, pelo médium Sr. E. Vézy, comenta acerca das próximas férias da instituição, estimulando, contudo, os presentes à reunião, dentre eles Kardec, que o recesso fosse operativo, dizendo a todos: "Aproveitai estas férias que vão espalhar-vos, para vos tornardes ainda mais fervorosos, a exemplo dos apóstolos do Cristo".[70]

Allan Kardec seguiria o conselho à risca, aproveitando, sobretudo, o convite recebido dos espíritas lioneses e bordoleses, e planeja, estrategicamente, a utilização daquele período – que poderia ser dedicado ao lazer, ao repouso e à ociosidade – à famosa viagem histórica. Redige, então, imediatamente, uma Nota, "Aos centros espíritas que devemos visitar", publicando-a na *Revista Espírita*,[71] declarando que buscaria aproveitar o melhor tempo possível para instrução das Instituições, e "responder às perguntas sobre as quais [desejassem] esclarecimentos". Sem embargo, nessa iniciativa do Codificador, estão os pilotis do valioso trabalho realizado pela FEB através das reuniões anuais do Conselho Federativo Nacional (CFN); do

---

[70] KARDEC, Allan. *Revista Espírita*: jornal de estudos psicológicos. ano 4, n. 9, set. 1862. Trad. Evandro Noleto Bezerra. 4. ed. 1. imp. Brasília: FEB, 2022. it. Férias da Sociedade Espírita de Paris.

[71] Id. Ibid.

Conselho Espírita Internacional (CEI) e das Comissões Regionais. Podemos incluir, nesse esforço doutrinário-orientador, o incansável labor realizado pelo médium Divaldo Franco, no Brasil e no exterior.

Em 1862, portanto, Kardec retornaria a Lyon e a outras mais 19 cidades. Era outono, férias de verão da Spee. O Espiritismo completava o seu quinto aniversário, desde a data magna de 18 de abril de 1857, com o lançamento da "pedra fundamental" do edifício doutrinário: *O livro dos espíritos* e também de *O livro dos médiuns*, em 15 de janeiro de 1861.

Allan Kardec planeja cuidadosamente o périplo, tendo em vista que o esperavam vários encontros com dirigentes e adeptos da novel Doutrina. Nas suas "Impressões Gerais", constantes do opúsculo *Voyage Spirite en 1862*, ele declara que já constatara, na primeira ida a Lyon, em 1860, a existência de "no máximo algumas centenas de adeptos"; em 1861, ao retornar, identificara de "cinco a seis mil", e naquela nova viagem podia avaliá-los "entre vinte e cinco e trinta mil".[72]

Lançando as primeiras sementes dos futuros encontros de Unificação, que há mais de um século são promovidos pela Federação Espírita Brasileira e pelas federativas estaduais, Allan Kardec realizou "reuniões gerais" com a participação dos espíritas de Lyon e de Bordeaux, pronunciando discursos

---

[72] KARDEC, Allan. *Viagem espírita em 1862 e outras viagens de Kardec*. Trad. Evandro Noleto Bezerra. 1. ed. Brasília: FEB, 2022. cap. Impressões gerais.

de avaliação e instruções particulares em resposta a algumas perguntas que lhe foram dirigidas.[73]

Após a viagem, emitiria nota na *Revue Spirite* de novembro de 1862 (ano 5, n. 11), declarando ser longo o relato de tudo o que acontecera e que publicaria um livreto à parte (*Voyage Spirite en 1862*), que já se encontrava no prelo, em formato de brochura, contendo, em síntese:

1. As observações sobre o estado do Espiritismo;
2. As instruções dadas por Allan Kardec nos diferentes grupos;
3. As instruções sobre a formação dos grupos e das sociedades, e um modelo de regulamento para o uso deles e delas.[74]

Relendo os históricos textos da lavra do mestre do Espiritismo, facilmente deduzimos porque ele foi escolhido por Jesus para liderar a nobre missão de concretizar a sua promessa de nos enviar o Consolador.

Do relato apresentado, por Allan Kardec, após o seu retorno, extraímos destaques importantes nos três discursos pronunciados:

I. A caracterização dos "verdadeiros espíritas, os espíritas cristãos": "Os que aceitam para si mesmos todas as

---

[73] KARDEC, Allan. *Viagem espírita em 1862 e outras viagens de Kardec*. Trad. Evandro Noleto Bezerra. 1. ed. Brasília: FEB, 2022. cap. Discursos pronunciados nas reuniões gerais dos espíritas de Lyon e Bordeaux.

[74] *REFORMADOR*. ano 117, n. 2.040, p. 33, mar. 1999.

consequências da Doutrina, e que praticam ou se esforçam por praticar a sua moral";[75]

II. Ele (o Espiritismo) agrada: 1) "Porque satisfaz à aspiração instintiva do homem quanto ao futuro; 2) Porque apresenta o futuro sob um aspecto que a razão pode admitir; 3) Porque a certeza da vida futura faz com que o homem sofra sem se queixar das misérias da vida presente; [...] 6) Porque todas as máximas dadas pelos Espíritos tendem a tornar melhores os homens uns para com os outros".[76]

III. "Se o Espiritismo é uma verdade, se deve regenerar o mundo, é porque tem por base a caridade. Ele não vem derrubar os cultos nem estabelecer um novo; proclama e prova verdades comuns a todos, base de todas as religiões, sem se preocupar com detalhes. Não vem destruir senão uma coisa: o materialismo, que é a negação de toda religião [...]".[77]

No capítulo "Instruções Particulares dadas aos Grupos..." Allan Kardec transcreve oito respostas dadas por ele a questões propostas pelos participantes dos encontros. No terceiro parágrafo, o Codificador destaca ser o Espiritismo "*invulnerável sob a égide de sua sublime moral*", enfatizando:

---

[75] KARDEC, Allan. *Viagem espírita em 1862 e outras viagens de Kardec*. Trad. Evandro Noleto Bezerra. 1. ed. Brasília: FEB, 2022. cap. Discursos pronunciados nas reuniões gerais dos espíritas de Lyon e Bordeaux.

[76] Id. Ibid.

[77] Id. Ibid.

"Em caso de incerteza, tendes um farol que não vos pode enganar: a *caridade*, que nunca é equívoca".[78]

"Não seria desejável que os espíritas tivessem uma senha, um sinal qualquer para se reconhecerem quando se encontram?", questionaram membros dos Grupos reunidos. Allan Kardec, consciente do papel dos adeptos da Terceira Revelação, por ele mesmo designados *espíritas,* ou *espiritistas*, consoante consignou na *Introdução ao estudo da doutrina espírita* em *O livro dos espíritos*, item I, responde:

> Os espíritas não formam nem uma sociedade secreta, nem uma afiliação; não devem, pois, ter nenhum sinal secreto para serem reconhecidos. [...]
>
> Tendes uma senha que é compreendida de um extremo a outro do mundo: é a da *caridade*. [...] Pela prática da verdadeira caridade reconhecereis sempre um irmão, ainda que não seja espírita, e deveis estender-lhe a mão [...].[79]

No "Projeto de Regulamento para uso dos Grupos e Pequenas Sociedades Espíritas", confirma os seus sentimentos cristãos e a sua comovedora vinculação com o Cristo, ao propor, como divisa das Instituições espíritas que se alastrariam

---

[78] KARDEC, Allan. *Viagem espírita em 1862 e outras viagens de Kardec*. Trad. Evandro Noleto Bezerra. 1. ed. Brasília: FEB, 2022. cap. Instruções particulares dadas aos grupos em resposta a algumas das questões propostas, it. I.

[79] Id. Ibid., it. II.

pelo mundo, o lema da religião espírita: "Fora da Caridade não há Salvação"; ampliando-o para: Fora da Caridade não há Verdadeiros Espíritas!".[80]

As experiências das *viagens de propaganda espírita* seriam consideradas por Allan Kardec ponto estratégico para a divulgação da Doutrina e organização dos centros espíritas pioneiros e do futuro. Tanto, que insere essa iniciativa como o 4º eixo (os outros seriam criação de um (1º) Estabelecimento Central; (2º) Ensino Espírita e (3º) Publicidade em larga escala das ideias espíritas) do seu famoso e sempre atual "Projeto 1868", definindo o seu objetivo: "Dois ou três meses do ano seriam consagrados a viagens, em visita aos diferentes centros e lhes imprimir boa direção".[81]

"Sob vários pontos de vista, nossa viagem foi muito satisfatória e, sobretudo, muito instrutiva pelas observações que recolhemos",[82] conclui Allan Kardec em suas "Impressões Gerais". Declara-se feliz por ter apertado "as mãos dos irmãos espíritas" e de lhes ter expressado pessoalmente "a sua sincera e viva simpatia, retribuindo as tocantes provas de amizade" que eles transmitiam em suas cartas, e expressa, em seu nome

[80] KARDEC, Allan. *Viagem espírita em 1862 e outras viagens de Kardec*. Trad. Evandro Noleto Bezerra. 1. ed. Brasília: FEB, 2022. cap. Projeto de regulamento para uso dos grupos e pequenas sociedades espíritas.

[81] KARDEC, Allan. *Obras póstumas.* 41. ed. 1. imp. Brasília: FEB, 2019. pt. segunda, cap. Projeto – 1868, it. Viagens.

[82] Id. *Viagem espírita em 1862 e outras viagens de Kardec*. Trad. Evandro Noleto Bezerra. 1. ed. Brasília: FEB, 2022. Nota do tradutor.

e em nome da Sociedade Parisiense de Estudos Espíritas, um "testemunho especial de gratidão" e de admiração àqueles destemidos pioneiros das primeiras alvoradas do Espiritismo na Terra.[83]

[83] KARDEC, Allan. *Viagem espírita em 1862 e outras viagens de Kardec*. Trad. Evandro Noleto Bezerra. 1. ed. Brasília: FEB, 2022. Nota do tradutor.

Allan Kardec

9

ALLAN KARDEC: ALMA ABERTA A TODOS OS SENTIMENTOS NOBRES

> "Oh, Allan Kardec! Espírito do grande Codificador, no momento em que chovem sobre a nossa pátria tantas provações, quando a angústia abate tantos corações, protege-nos, ampara teus adeptos, dando-lhes fé ardente para vencer todos os obstáculos [...], dando a todos a confiança no futuro."[84]

Ao escrever a "Introdução" de *O livro dos espíritos*, publicado em 18 de abril de 1857, exposto nas vitrines da livraria Dentu, localizada no Palais-Royal, em Paris, Allan Kardec preocupou-se em oferecer um resumo dos principais fundamentos da Doutrina Espírita. A partir da segunda edição, lançada em março de 1860, o texto foi ampliado e dividido em 17 blocos de abordagens. Na edição original, recentemente reproduzida pela FEB em exemplar histórico bilíngue, a *Introduction a l'étude de la doctrine spirite,* contém 28 páginas. Em complemento ao título, Allan Kardec acrescentou: *Réponse*

[84] LÉON, Denis. *O mundo invisível e a guerra*. Rio de Janeiro: Celd, 1995. p. 61.

a plusieurs objections (Resposta a várias objeções). Na 93ª edição histórica da FEB, de fevereiro de 2019, com tradução de Guillon Ribeiro, a "Introdução" contempla 35 páginas.

Todo o texto é um primor de concisão e de síntese, onde podem ser mensuradas a magnitude do pensamento e a competência do Codificador, diante da obra da qual foi o principal missionário-executor.

Quase um ano depois de divulgada a primeira edição de *O livro dos espíritos*, Allan Kardec lançaria, em janeiro de 1858, a sua obra-prima *Revista Espírita*: jornal de estudos psicológicos, contendo, dentre outros temas, "[...] O ensino dos Espíritos sobre as coisas do mundo visível e do invisível; sobre as ciências, a moral, a imortalidade da alma, a natureza do homem e o seu futuro. [...]".[85] Nesse primeiro exemplar divulga o surgimento do livro básico do Espiritismo, "Escrito de acordo com o ditado e publicado por ordem dos Espíritos Superiores"[86] e reproduz artigo do jornal *Courrier de Paris*, de 11 de julho de 1857, de autoria do jornalista G. Du Chalard, o qual se refere a "*O livro dos espíritos*, do Sr. Allan Kardec", como "uma página nova do grande livro do infinito", e que "[...] Está admiravelmente classificado por perguntas e por respostas. Algumas vezes [afirma o jornalista], estas últimas

---

[85] KARDEC, Allan. *Revista Espírita*: jornal de estudos psicológicos. Trad. Evandro Noleto Bezerra. 5. ed. 1. imp. Brasília: FEB, 2014. Folha de rosto.

[86] Id. Ibid. ano 1, n. 1, jan. 1858. Trad. Evandro Noleto Bezerra. 5. ed. 1. imp. Brasília: FEB, 2014. subt. *O livro dos espíritos*.

são sublimes, e isto não nos surpreende; mas não foi preciso um grande mérito a quem as soube provocar?".[87]

E enfatiza Du Chalard, em seu texto que emociona, mesmo lido mais de um século e meio depois de escrito: "[...] Aquele que escreveu a introdução que inicia *O livro dos espíritos* deve ter a alma aberta a todos os sentimentos nobres. [...]".[88]

Esse traço-perfil da personalidade ímpar do filho do magistrado francês Jean-Baptiste Antoine Rivail e de Jeanne Louise Duhamel, Hippolyte Léon Denizard Rivail, nascido em 3 de outubro de 1804, na cidade de Lyon, rua Sala, 76, se destacou desde a sua juventude, avançando pela maturidade, atingindo excelência na idade provecta.

Durante o desenvolvimento das suas atividades pedagógicas, podem ser identificados momentos preciosos acerca do caráter diamantino do Codificador da Doutrina Espírita. Tratava os alunos por "amigos", fazendo-os ver a responsabilidade que cabia a cada um.[89] Ao término de um discurso de fim de ano letivo, proferido em 14 de agosto de 1834,[90] para os seus alunos do Instituto Rivail, localizado em Paris, por ele fundado em 1826, enfatiza aos adolescentes: "instruindo-vos,

---

[87] KARDEC, Allan. *Revista Espírita*: jornal de estudos psicológicos. ano 1, n. 5, mai. 1858. Trad. Evandro Noleto Bezerra. 5. ed. 1. imp. Brasília: FEB, 2014. *O livro dos espíritos*.

[88] Id. Ibid.

[89] THIESEN, Francisco. WANTUIL, Zêus. *Allan Kardec*: o educador e o codificador. 4. ed. 1. imp. Brasília: FEB, 2019. cap. 24 – O amigo dos alunos.

[90] Id. Ibid. cap. 37 – Fertilidade pedagógica.

trabalhais em prol da vossa própria felicidade",[91] e enfatiza, em sua oratória, que a educação era a obra de sua vida e que "o professor tem sobre os ombros uma das mais importantes e difíceis tarefas: a arte de formar homens".[92]

Na mesma ocasião, após a sua peroração, o mestre e diretor do Instituto é elogiado em discurso do escolar Louis Rouyer, de 15 anos, "recordando-lhe o triunfo na Academia Real das Ciências de Arrás",[93] quando o professor Rivail, em 1831, foi premiado em concurso promovido pela referida entidade.

Pelos idos dos anos de 1822 e 1823, após a conclusão de sua formação básica escolar no Instituto daquele que é considerado "o educador da Humanidade", Johann Heinrich Pestalozzi (1746-1827), localizado em Yverdon, cidade suíça do cantão de Vaud, e com apenas 18 anos, o jovem professor H. L. D. Rivail concentra todos os seus esforços na preparação do seu primeiro livro didático: *Cours pratique et théorique d'arithmétique, d'aprés la méthode de Pestalozzi, avec des modifications*, em dois tomos, dado à publicidade em 1824. A obra é iniciada com um "discurso preliminar":

> Desejando tornar-me útil aos jovens e concorrer com todas as minhas forças para aplainar-lhes

---

[91] THIESEN, Francisco. WANTUIL, Zêus. *Allan Kardec*: o educador e o codificador. 4. ed. 1. imp. Brasília: FEB, 2019. cap. 24 – O amigo dos alunos.

[92] Id. Ibid.

[93] Id. Ibid.

> a trilha árdua dos estudos, aproveitarei, com empenho, os conselhos que de boa vontade me chegarem de pessoas que me são superiores pelo saber e pela experiência, considerando ainda que a aprovação dos homens de bem sempre me será gratíssima recompensa.[94]

Esse depoimento, ainda na juventude, é a confirmação dos sinais de sua personalidade ética, que se manifesta desde o primeiro decênio de sua vida, evidenciada durante a sua estadia no *Castelo de Yverdon*, onde demonstra o seu vivo interesse em "libertar da ignorância, com todas as suas perniciosas consequências, a juventude de sua pátria".[95]

Afirmam os biógrafos Zêus Wantuil e Francisco Thiesen que "[...] ornavam-lhe a personalidade de professor qualidades como o amor ao estudo, o culto do saber, o destemor das ideias, a força moral para se fazer respeitado e querido".[96]

Não foram diferentes essas qualidades durante a sua trajetória como Codificador do Espiritismo, missão que também considerou, (além da Educação), como a obra de sua vida: "[...] Dei-lhe todo o meu tempo, sacrifiquei-lhe o meu

---

[94] THIESEN, Francisco. WANTUIL, Zêus. *Allan Kardec*: o educador e o codificador. 4. ed. 1. imp. Brasília: FEB, 2019. cap. 14 – Seu primeiro livro.

[95] Id. Ibid.

[96] Id. Ibid. cap. 19 – Instituições Pestalozzianas em Paris.

repouso, a minha saúde, porque diante de mim o futuro estava escrito em letras irrecusáveis".[97]

Durante trinta e sete anos manteve união estável matrimonial com a professora de Letras e de Belas-Artes Amélie-Gabrielle Boudet (1795-1883), cujos "olhos pardos e serenos" de atitude "gentil e graciosa, vivaz nos gestos e nas palavras", atraíram o jovem lente Denizard Rivail, no qual, por sua vez, a jovem *Gabi* reconheceu, de imediato, "um homem verdadeiramente superior".[98]

O filósofo do Espiritismo, Léon Denis (1827-1946), no prefácio que escreveu para a biografia de Allan Kardec, de autoria de Henri Sausse (1851-1928), um dos mais ardorosos propagadores da Doutrina Espírita na França, declara que: "[...] é possível calcular-se o grande número de desesperados aos quais essa crença restituiu a força moral, a coragem de viver e a confiança no futuro, preservando-os, por conseguinte, do suicídio [...]",[99] enfatizando, ainda, que:

> Nada deterá o Espiritismo em sua marcha, porque ele é a verdade. E não vai longe o dia em que a Humanidade inteira verá em Allan Kardec

---

[97] KARDEC, Allan. *Obras póstumas*. 41. ed. 1. imp. Brasília: FEB, 2019. pt. segunda, cap. Constituição do espiritismo.

[98] THIESEN, Francisco. WANTUIL, Zêus. *Allan Kardec*: o educador e o codificador. 4. ed. 1. imp. Brasília: FEB, 2019. cap. 20 – Madame Rivail.

[99] SAUSSE, Henri. *Biografia de Allan Kardec*. 2. ed. 1. imp. Brasília: FEB, 2019. Prefácio de Léon Denis à edição de 1927.

> um precursor, um renovador do pensamento moderno, acabando por lhe prestar as homenagens devidas à sua memória.[100]

Essas deferências e encômios dirigidos a Allan Kardec; a sua nobreza de sentimentos e textura de caráter, paradigma do trabalhador que lançou mão do arado e não olhou para trás (*Lucas*, 9:62), podem ser confirmados em inúmeros episódios de sua vida exemplar, e serem lembradas, como zênite do seu esforço missionário, a ideação e a elaboração da terceira obra da Codificação Espírita: *O evangelho segundo o espiritismo* publicado, originalmente, em 15 de abril de 1864, sob o título *Imitação do evangelho segundo o espiritismo.*

A identificação entre a nobreza de sentimentos de Allan Kardec com a pureza e excelência superior dos sentimentos de Jesus de Nazaré é percebida em todos os capítulos desse livro, que pode ser considerado *O livro dos espíritos*, em face de sua disseminação entre os profitentes do Espiritismo, com milhões de exemplares produzidos; com edições por parte de várias editoras, em especial as da FEB, que em 2013 fez lançar edição histórica de 200 mil exemplares, da tradução de Guillon Ribeiro, como prelúdio das comemorações, em 2014, do primeiro sesquicentenário do seu lançamento.

Nesse livro Kardec imortalizaria o lema religioso do Espiritismo: Fora da Caridade não há Salvação.

---

[100] SAUSSE, Henri. *Biografia de Allan Kardec*. 2. ed. 1. imp. Brasília: FEB, 2019. Prefácio de Léon Denis à edição de 1927.

Pode-se afirmar que as páginas de *O evangelho segundo o espiritismo* estão impregnadas do amor de Jesus, por meio de suas sentenças e lições selecionadas, e pelo amor de Allan Kardec, ao escrevê-la e organizá-la, no seu refúgio meditativo e de labor cristão na Vila Ségur. Ao apresentá-la aos Espíritos, em reunião de 9 de agosto de 1863, atuando como médium o Sr. d'A..., imaginamos tê-lo feito dominado por grande emoção. Na avaliação e depoimento que recebe dos Espíritos, não se observa nenhuma orientação para retoque ou de alterações em torno do manuscrito original, no que depreendemos, então, que o apresentou completo e irrepreensível. Os Espíritos, satisfeitos com o empreendimento superior, dizem-lhe que conheciam a solidez das suas convicções e sabiam que a sua fé era qual um muro de bronze![101]

Sobre esse homem inesquecível, que é Allan Kardec, identificamos esse comentário de Anna Blackwell, que o conheceu de perto e traduziu algumas de suas obras para o idioma inglês: "[...] ponderado, lento no falar, sem afetação, com inegável dignidade, resultante da seriedade e da honestidade, traços distintivos do seu caráter [...]".[102]

---

[101] KARDEC, Allan. *Obras póstumas*. 41. ed. 1. imp. Brasília: FEB, 2019. cap. Imitação do Evangelho, Ségur, 9 de agosto de 1863.

[102] THIESEN, Francisco. WANTUIL, Zêus. *Allan Kardec*: o educador e o codificador. 4. ed. 1. imp. Brasília: FEB, 2019. cap. 3 – Missão cumprida; solenes despedidas; depois de Allan Kardec, it. Como Anna Blackwell e um adversário viram Kardec.

Pierre-Gaëtan Leymarie (1827-1901), contemporâneo e considerado continuador da obra de Allan Kardec, tendo exercido cargos de redator-chefe e diretor da *Revue Spirite*, em carta-depoimento citada pelo biógrafo Henri Sausse, declara: "Quantas vezes soubemos de pessoas em provação que encontraram junto dele o socorro moral e, não raro, o socorro material! A respeito dessas coisas ele não dizia uma palavra, ocultando no esquecimento suas boas obras".[103]

Pode-se afirmar, assim, que Allan Kardec se constitui uma vida para os nossos dias, por sua grandeza de alma, exemplo de dedicação, perseverança, coragem e fidelidade ao Cristo.

Os espíritas devemos incansavelmente lembrarmo-nos dessa vida missionária exuberante, seguindo-lhe os passos de líder de nossa amada doutrina.

---

[103] SAUSSE, Henri. *Biografia de Allan Kardec*. Trad. Evandro Noleto Bezerra. 2. ed. 1. imp. Brasília: FEB, 2019. Na intimidade de Allan Kardec.

Allan Kardec

10

1854: O ANO DA INICIAÇÃO DE ALLAN KARDEC

Aquele foi um século de várias ocorrências políticas, socioeconômicas e culturais na Europa. Foi o século em que Allan Kardec viveu e desencarnou, deixando a sua presença indelével.

Quando o menino Hippolyte Léon Denizard Rivail nasceu, em 3 de outubro de 1804, a França era governada por Napoleão I, que assumira a coroa em 18 de maio do mesmo ano. Tendo adotado uma gestão expansionista, conquistando, à força, várias nações europeias, foi derrotado por ingleses e prussianos e abdicou, compulsoriamente, em 18 de março de 1814. Retornando ao poder em 1815, sendo derrotado em Waterloo; naquele mesmo ano, voltou a renunciar e é deportado para a ilha de Santa Helena, no Atlântico Sul, desencarnando em 1821.

Nessa fase, o menino Rivail estudava com Johann Heinrich Pestalozzi, o famoso educador suíço, em Yverdon, preparando-se "para a futura grandiosa missão que o esperava". Em artigo publicado na *Revista de Espiritismo*, órgão da Federação Espírita Portuguesa, exemplar de abril a julho de 2006, o autor, Henderson Marques Lopes, traça um perfil histórico sobre *Kardec e sua Época*, do qual extraímos os dados acima e a seguir:

Depois de Napoleão I, Luís XVIII (1755-1824) assume o trono da França, governando até 1824, e é sucedido por Carlos X (1757-1836), afastado em decorrência da Revolução de 1830 e substituído pelo rei Luís Filipe I (1773-1850), o qual abdicou em 1848. Logo em seguida, a França passa a ser governada por Luís Napoleão (1808-1873), sobrinho de Napoleão Bonaparte, mas na condição de Presidente da República a partir de 1848, vindo ele a se coroar imperador em 1852, com o nome de Napoleão III, dando início ao Segundo Império. Foi um governo centralizador e autoritário que perdurou até 1870.

Ainda no século XIX, importantes acontecimentos culturais, científicos, tecnológicos e políticos ocorreram na Europa: invenção do tear de seda (1805); Stephenson inventa a locomotiva a vapor (1829); Jean-François Champollion decifra os hieróglifos da Pedra de Roseta (1822); Beethoven compõe a *Nona Sinfonia* (1823); a rainha Vitória assume o trono da Grã-Bretanha (1837); Gustave Flaubert publica (1856), o seu livro *Madame Bovary*; em 1859, Charles Darwin publica *A origem das espécies*; Paul Broca apresenta os seus estudos sobre afasia, em 1861;[104] e Pasteur, acerca dos micróbios anaeróbicos, na década de 1860; Victor Hugo, em 1862, lança a sua obra prima *Os miseráveis*; Mendel, em 1866, divulga a sua famosa teoria da hereditariedade. Muitos outros nomes notabilizam Paris como "centro mundial da cultura", a exemplo, na litera-

---

[104] Afasia, conforme o *Dicionário enciclopédico Koogan-Houaiss*, "distúrbio ou perda parcial, ou total, da fala ou da compreensão da Linguagem, resultante de lesão no hemisfério cerebral esquerdo".

tura, de Chateaubriand, Alfred de Musset, Théophile Gautier, Lamartine, Balzac, George Sand. Na música, Chopin, Bizet, Saint-Saens, Berlioz, Gounod. Na pintura clássica, Delacroix.[105]

Durante os primeiros cinquenta anos do século XIX, Rivail dedicar-se-á a obter formação acadêmica, em Ciências Sociais e Pedagogia, no Instituto de Pestalozzi; ao exercício do magistério, qualificando-se como pedagogista emérito e laureado; a escrever livros didáticos (mais de 20) e projetos voltados para a melhoria da educação em sua pátria; à função de contabilista; à convivência matrimonial com a sua consorte Amélie-Gabrielle Boudet; à direção de educandários; ao exercício gratuito do ensino para jovens estudantes; ao estudo do magnetismo e de idiomas e tradução de livros; à leitura de várias obras clássicas da literatura universal, formando excepcional lastro de cultura geral, o qual lhe seria extremamente útil durante a execução de sua missão espiritual, nos primeiros anos da segunda metade do século XIX, de 1854 a 1869.

É no curso. desse universo de acontecimentos históricos, que se dá em Paris o encontro entre dois homens,[106] e que seria o *primeiro passo* para a consolidação de uma promessa. O que será que trazia no inconsciente profundo, na sua memória extracerebral, um daqueles homens, professor, pedagogo e estudioso do

---

[105] LOPES, Henderson Marques. *In: Revista de Espiritismo*. Portugal: Federação Espírita Portuguesa, 2006. p. 25-28.

[106] KARDEC, Allan. *Obras póstumas*. 41. ed. 1. imp. Ed. Histórica. Brasília: FEB, 2019. pt. segunda, cap. Extratos, *in extenso*, do livro..., it. A minha primeira iniciação no espiritismo.

Magnetismo? Por quem estaria, espiritualmente, acompanhado, naquele dia em 1854, levando-o a aceitar com serenidade as informações que lhe seriam transmitidas, em duas ocasiões, pelo amigo Sr. Fortier?[107] Ele poderia ter banalizado ou se desinteressado pelas narrativas inusitadas. Em certo momento, chega a considerar o relato de Fortier "um conto da carochinha".[108]

É possível que Fortier, estudioso do Magnetismo, pelo que se depreende ao afirmar ao futuro Codificador que "não são somente as pessoas que se podem magnetizar",[109] tenha transmitido essa informação a outros amigos, como ele frequentadores da Sociedade Mesmeriana, a qual derivava de estudos elaborados pelo filósofo e teólogo austríaco Franz Anton Mesmer (1734-1815), localizada em Paris, a exemplo do Barão du Potet – Jules Denis du Potet Sennevoy – (1796-1881), do Sr. Roustan, do Sr. Carlotti,[110] mas somente o professor Rivail manifestou especial interesse, atenção diferenciada, declarando que precisava ver e experimentar os fenômenos para confirmar a sua veracidade.

---

[107] KARDEC, Allan. *Obras póstumas*. Trad. Guillon Ribeiro. 41. ed. 1. imp. Ed. Histórica. Brasília: FEB, 2019. pt. segunda, cap. Extratos, *in extenso*, do livro..., it. A minha primeira iniciação no espiritismo.

[108] THIESEN, Francisco. WANTUIL, Zêus. *Allan Kardec*: o educador e o codificador. 4. ed. 1. imp. Brasília: FEB, 2019. cap. 1 – A fagulha da renovação, it. 3 Da diversão aos estudos sérios.

[109] KARDEC, Allan. *Obras póstumas*. 41. ed. 1. imp. Ed. Histórica. Brasília: FEB, 2019. pt. segunda, cap. Extratos, *in extenso*, do livro..., it. A minha primeira iniciação no espiritismo.

[110] ABREU, Canuto. *O livro dos espíritos e sua tradição histórica e lendária*. 2. ed. São Paulo: Edição LFU, 1996. p. 69.

Ele era, realmente, o homem certo, o missionário escolhido, a liderança emergente naquele momento histórico.

Assim, algo em seu ser profundo diz-lhe que dê a devida atenção àquelas informações mirabolantes, que se referiam a mesas que se moviam sozinhas, que giravam nos salões de Paris, e que também, quando se lhes indagava sobre um assunto importante, ou fútil... respondiam! Mesmo que a pergunta fosse feita mentalmente!

Alguma coisa influenciou o professor. Teria sido a curiosidade? E se perguntava: "uma mesa tem cérebro para pensar, nervos para sentir"?[111] Ele tinha um nome famoso a zelar. Deveria se envolver com aquelas crendices, com aqueles espetáculos que atraíam curiosos e interessados em obter, daqueles fenômenos, ganhos e recompensas pessoais?

Contudo, na intimidade mais profunda da alma daquele mestre da Pedagogia havia *algo* que o fez conectar com aquelas informações, e imaginamos que essa *sintonia* foi possível porque estava gravada em sua memória ancestral à sentença da promessa feita pelo Cristo, dezoito séculos antes, acerca da vinda futura do Consolador,[112] momento esse, possivelmente, do qual o professor Rivail teria participado, animando outra personalidade terrestre naqueles dias recuados em Jerusalém.

---

[111] KARDEC, Allan. *Obras póstumas*. 41. ed. 1. imp. Ed. Histórica. Brasília: FEB, 2019. pt. segunda, cap. Extratos, *in extenso*, do livro..., it. A minha primeira iniciação no espiritismo.

[112] *João*, 14:15 a 27.

Assim idealizamos porque não concebemos que o executor da promessa de Jesus tenha sido *improvisado* depois que o mestre retornou aos mundos siderais de onde procedia. Ao contrário, imaginamo-lo participando do apostolado de Jesus, ativamente, ou de forma discreta, empenhando-se em sua qualificação espiritual, no decorrer dos séculos, a fim de ser o epicentro da concretização da promessa de amor do Mestre Nazareno.

Do *primeiro passo*, que foi o da *informação*, Rivail partiu, em 1855, para o segundo passo, que foi o da *observação* dos fenômenos, na casa da médium Sr.ª Plainemaison, situada na rua Grange-Batelière, 18, em Paris.[113]

É de se imaginar as emoções que sensibilizaram o professor H. L. D. Rivail, naquela terça-feira à noite de maio de 1855, e que o levaram, sem vacilar, a avançar para o *terceiro passo* daquele inusitado momento em sua vida: o da *conclusão*: "Eu entrevia, naquelas aparentes futilidades, no passatempo que faziam daqueles fenômenos, qualquer coisa de sério, como que a revelação de uma nova lei, que tomei a mim estudar a fundo."[114] Assinala ainda: "Era, em suma, toda uma revolução nas ideias e nas crenças; fazia-se mister, portanto, andar com a maior circunspeção e não levianamente; ser positivista e não idealista, para não me deixar iludir".[115] A vida do notável pedagogista, a partir daí, passaria por uma verdadeira *revolução*.

---

[113] KARDEC, Allan. *Obras póstumas*. 41. ed. 1. imp. Ed. Histórica. Brasília: FEB, 2019. pt. segunda, cap. Extratos, *in extenso*, do livro..., it. A minha primeira iniciação no espiritismo.

[114] Id. Ibid.

[115] Id. Ibid.

Havia uma atmosfera especial no ar. O que estava sendo esperado há dezoito séculos teria que ser concretizado em cerca de 15 anos. Não havia tempo a perder! O professor Rivail titubeia. Sente-se estranhamente impulsionado a se interessar e estudar aqueles fenômenos. No mais profundo do seu ser sentia que conhecia tudo aquilo, o que significava, qual o seu propósito e objetivos e que ele, Rivail, exerceria papel fundamental em toda aquela movimentação entre dois mundos que interagiam.

Naquele mesmo ano, anotaria em sua agenda íntima, a qual, mais tarde, a partir de 1890, iria compor o livro *Obras póstumas*, que aquela massa de informações, que provinha dos Espíritos, tinha a característica de uma Doutrina.[116]

Recebe, em 30 de abril de 1856, em casa do Sr. Roustan, atuando como médium a Srt.ª Japhet, os primeiros indícios de que ele seria o líder, "o obreiro que reconstrói o que foi demolido", do movimento que se iniciava, ao qual atribuiria denominação especial: Espiritismo.

Em 12 de junho daquele ano, estava em casa do Sr. Carlotti e realiza sessão de intercâmbio com os Espíritos. Ocorre, então, agradável surpresa: pela médium Aline Carlotti, comunica-se o Espírito de Verdade, o qual, em 25 de março de 1856, havia declarado que era o seu guia espiritual,[117] com a missão de orientá-lo no compromisso assumido. Rivail aceita a missão,

---

[116] KARDEC, Allan. *Obras póstumas*. 41. ed. 1. imp. Ed. Histórica. Brasília: FEB, 2019. pt. segunda, cap. Extratos, *in extenso*, do livro..., it. Primeira revelação da minha missão.

[117] Id. Ibid. pt. segunda, cap. Extratos, *in extenso*, do livro..., it. Meu guia espiritual.

dirigindo a Deus uma prece, e dedica-se com pertinácia à obra. Uma plêiade de Espíritos Superiores o acompanha, incluindo "*João Evangelista, Santo Agostinho, São Vicente de Paulo, São Luís, O Espírito da Verdade, Sócrates, Platão, Fénelon, Franklin, Swedenborg, entre outros*".[118]

Altas horas da noite, em seu gabinete de trabalho, localizado à rua des Martyrs, nº 8, segundo andar, fundos, trabalha incansavelmente, estruturando o primeiro compêndio da nova Doutrina, que conterá seus princípios básicos, seus fundamentos filosóficos. Em 18 de abril de 1857, publica-o com o título *O livro dos espíritos*, e opta por usar um pseudônimo para registrar a sua autoria: Allan Kardec, nome que tivera em antiga reencarnação nas Gálias.

Tem a intuição, em 1860, que teria ainda cerca de um decênio para consolidar as outras etapas, depois da elaboração da Doutrina, e concluir a Codificação Espírita.[119]

Enquanto vai preparando e lançando as demais obras do Pentateuco Espírita, publica, simultaneamente, a *Revista Espírita* e realiza sessões doutrinárias, de intercâmbio mediúnico e de avaliação e prestação de contas na Instituição que

---

[118] KARDEC, Allan. *O livro dos espíritos.* 93. ed. 9. imp. (Edição Histórica). Brasília: FEB. 2019. Prolegômenos.

[119] KARDEC, Allan. *Obras póstumas*. 41. ed. 1. imp. Ed. Histórica. Brasília: FEB, 2019. pt. segunda, cap. Extratos, *in extenso*, do livro..., it. A minha primeira iniciação no espiritismo.

fundou em 1º de abril de 1858, a Spee, da qual foi o seu presidente até a desencarnação, em 1869.[120]

Allan Kardec transitou da *iniciação* para a *finalização* do compromisso assumido de forma exemplar, irrepreensível, irretocável, deixando-nos o legado do seu esforço e do seu amor ao Espiritismo.

*

Orai por nós, inolvidável mestre, a fim de que possamos vencer a nossa vacilante iniciação e chegarmos, com êxito, ao fim da jornada.

---

[120] KARDEC, Allan. *Obras póstumas*. 41. ed. 1. imp. Ed. Histórica. Brasília: FEB, 2019. pt. segunda, cap. Extratos, *in extenso*, do livro..., it. Fundação da Sociedade Espírita de Paris.

Allan Kardec

11

VENCENDO DESAFIOS

(Recordando Paulo e Kardec)

Após a fascinante experiência que viveu durante o episódio da Estrada de Damasco, o futuro Apóstolo dos Gentios, Paulo de Tarso, como sabemos, sobretudo por meio das narrativas do Espírito Emmanuel, ditadas ao médium Francisco Cândido Xavier, e exaradas na soberba obra da literatura espírita *Paulo e Estêvão*, recolheu-se ao deserto no *oásis de Dã* e, durante três longos anos,[121] dedicou-se à meditação e à reflexão, máxime a respeito do seu futuro e "só queria saber que Deus havia mudado de resolução a seu respeito"[122] e que "ser-lhe-ia fiel até o fim".[123]

Durante o recesso compulsório e prudente, enquanto exercia o labor de tecelão, confeccionando tapetes de lã, lia emocionado textos sobre os ensinos de Jesus, nas cópias das anotações dispersas feitas por Ananias. Mais tarde, receberia das mãos de Gamaliel uma cópia das primeiras notas realizadas diretamente por Mateus (Levi).

---

[121] XAVIER, Francisco Cândido. *Paulo e Estêvão*. Pelo Espírito Emmanuel. 45. ed. 19. imp. Brasília: FEB, 2021. pt. primeira, cap. 2, O tecelão.

[122] Id. Ibid. pt. segunda, cap. 1 – Rumo ao deserto.

[123] Id. Ibid. pt. primeira, cap. 10 – No caminho de Damasco.

Ao deixar o retiro de solidão, e retornar aos sítios domésticos, decepciona-se e aflige-se com a aversão da qual é alvo por parte de amigos e até do seu velho pai, Isaque.[124] É um momento difícil e dramático para o futuro bandeirante do Cristianismo nascente. Em Jerusalém, para onde retorna, é vã a sua tentativa de ser acolhido por Pedro e seus companheiros da Casa do Caminho, que dele, Saulo, ainda desconfiam.[125] Consideravam todos que a mudança ocorrida com o antigo rabino era por demais surpreendente, quase inacreditável. "Retira-te de Jerusalém, porque os antigos companheiros não aceitarão, por enquanto, o testemunho!"[126], percebe dizer-lhe, com ternura, um vulto luminoso. Era Estêvão, em assistência espiritual invisível.[127]

Saulo, então, vê-se, de repente, como o homem mais solitário da Terra e, refletindo sobre a situação, considera que tudo aquilo não era o fim. Jesus não teria vindo ao seu encontro nas areias do deserto para destruí-lo e, sim, a fim de que ele iniciasse, a partir daí, a "maior de todas as batalhas": a luta consigo mesmo, para que "o homem do mundo deixasse de existir".[128] Na sua nova compreensão, ele se despia "do velho

---

[124] XAVIER, Francisco Cândido. *Paulo e Estêvão*. Pelo Espírito Emmanuel. 45. ed. 19. imp. Brasília: FEB, 2021. pt. segunda, cap. 3 – Lutas e humilhações.

[125] Id. Ibid.

[126] Id. Ibid.

[127] Id. Ibid.

[128] Id. Ibid.

homem com os seus feitos" e "se vestia do novo, que se renova para o conhecimento".[129]

Certamente, as guerras têm conduzido muitos homens aos campos de batalha, às pugnas por questões políticas, econômicas e religiosas, a exemplo das Cruzadas, contudo, o maior campo de batalha ainda é o coração do próprio homem, ao permitir que o ódio, o rancor, a mágoa, o rigor, o ponto de vista implacável, movimentem os seus pensamentos e dominem as nascentes dos seus sentimentos, desequilibrando as suas emoções.

Saulo transitaria do homem violento, rígido e arbitrário, dominado pelo farisaísmo fanático, para o de homem pacífico e pacificador, graças à sua escolha ao eleger Jesus como paradigma da paz, marcando essa sua atitude de forma incontestável e indelével, ao dizer: "Estou crucificado com Cristo, e já não vivo, mas Cristo vive em mim".[130]

A Terra, lamentavelmente, ainda é a morada dos conflitos e dos seres belicosos e guerreiros. Constantemente, estaremos sendo desafiados para a luta, para a discórdia, para a contrariedade. Nesses instantes, recordemo-nos também de Allan Kardec, que superou instantes desafiadores seguindo as orientações recebidas do Espírito Verdade, em 12 de junho de 1856, o qual recomenda-lhe, em face da magnitude da missão que o futuro Codificador do Espiritismo iria assumir,

---

[129] *Colossenses*, 3:9-10.

[130] *Gálatas*, 2:20.

em caráter prioritário *humildade, modéstia* e *desinteresse*. Diz-lhe, ainda, o Benfeitor Espiritual, ser indispensáveis *coragem, perseverança, inabalável firmeza, prudência e tato*. Exigiria o empreendimento espiritual, ainda, *devotamento, abnegação e disposição a todos os sacrifícios*. Seriam condições que dependeriam, exclusivamente, do missionário.

As vicissitudes vividas por Allan Kardec foram superlativas. Ele, contudo, excelente pedagogo e mestre do autoconhecimento, elaborou técnica especial para superar as dificuldades. É dele o depoimento:

> [...] Quando me sobrevinha uma decepção, uma contrariedade qualquer, eu me elevava pelo pensamento acima da Humanidade e me colocava antecipadamente na região dos Espíritos e desse ponto culminante, donde divisava o da minha chegada, as misérias da vida deslizavam por sobre mim sem me atingirem. Tão habitual se me tornara esse modo de proceder, que os gritos dos maus jamais me perturbaram.[131]

[131] KARDEC, Allan. *Obras póstumas*. 41. ed. 1. imp. (Ed. Histórica). Brasília: FEB, 2019. pt. segunda, cap. Extratos, *in extenso*, do livro...; it. Minha missão.

12

ALLAN KARDEC E O PENTATEUCO ESPÍRITA

Diz-nos Herculano Pires (1914-1979), filósofo e escritor espírita, que quando o mundo se preparava para sair do caos das civilizações primitivas aparece Moisés, como o condutor de um povo destinado a traçar as linhas de um novo mundo: e de suas mãos surgiu a *Bíblia*, mas que não foi Moisés que a escreveu; e sim o *motivo central* dessa *primeira codificação*. Herculano destaca que:

> [...] a Bíblia é a codificação da primeira revelação cristã, o código hebraico em que se fundiram os princípios sagrados e as grandes lendas religiosas dos povos antigos, a grande síntese dos esforços da antiguidade em direção ao Espírito, e não é de admirar que se apresente muitas vezes assustadora e contraditória para o homem moderno.[132]

No conjunto dos primeiros *39 livros*, que a compõem, conhecido como *Antigo Testamento*, está, no dizer de Emmanuel, mentor espiritual do médium Francisco Cândido Xavier,

---

[132] PIRES, Herculano. *Introdução a O livro dos espíritos*. 40. ed. São Paulo: Lake, 1980. p. 11.

o apelo dos homens a Deus.[133] É a primeira tentativa de se obter uma história do homem. Os profetas de então, a partir de Moisés, ouvem, assustados, as vozes que lhes falam de um deus vingativo e guerreiro, e que o homem é pó, e para o pó retornará. No *Antigo Testamento* está inserido o *pentateuco*, do grego, "os cinco rolos", que é composto pelos cinco primeiros livros da *Bíblia* (*Gênese, Êxodo, Levítico, Números* e *Deuteronômio*). Entre os judeus é chamado de *Torá*, uma palavra da língua hebraica com significado associado ao *ensinamento*, *instrução*, ou especialmente *Lei*, uma referência à primeira secção do *Tanakh*, os primeiros cinco livros da Bíblia hebraica, atribuídos a Moisés.[134]

Durante quinze séculos, ante esses textos considerados sagrados, e por vários períodos restritos aos grandes iniciados, ao sacerdócio organizado, e, também, àqueles influenciados pelos que se apresentavam como reveladores desses ensinos, os homens continuaram a indagar: *Quem sou eu? De onde vim? Para onde vou? O que é a vida?* Religiões organizadas, atitudes filosóficas e conceitos materialistas, tentavam, com seus dogmas, teorias, teses e hipóteses, explicar a realidade humana, sem êxito, porém.

Até que a *resposta de Deus aos homens* acontece com o advento da *segunda codificação*, a revelação cristã, que se notabiliza

[133] PIRES, Herculano. *Introdução a O livro dos espíritos.* 40. ed. São Paulo: Lake, 1980. p. 16.

[134] Disponível em: https://pt.wikipedia.org/wiki/Pentateuco. Acesso em: 12 mar. 2023.

através da figura ímpar e irrepreensível de Jesus, que passaria a ser o "sol a iluminar o passado e o futuro, estabelecendo entre ambos a conexão necessária". E todo o acervo dos ensinos obtidos no *Movimento do Cristianismo* é resumido em *27 livros*, que compõem o *Novo Testamento*, nele incluídos os famosos textos dos quatro Evangelhos de *Mateus*, *Marcos*, *Lucas* e *João*.

Podemos dizer que, assim como na *Bíblia* (primeira codificação) já se anunciava o Evangelho (segunda codificação), também no Evangelho aparecia a predição da terceira codificação:

> Se me amais, guardai os meus mandamentos; e eu rogarei a meu Pai e ele vos enviará outro Consolador [...] que meu Pai enviará em meu nome, vos ensinará todas as coisas e vos fará recordar tudo o que vos tenho dito.[135]

Foi na segunda metade do século XIX que essa promessa de amor se cumpriu.

Allan Kardec (1804-1869), embaixador de Jesus na Terra, recebe dos Espíritos, através de mais de dez médiuns que prestaram sua assistência ao trabalho, *as explicações sobre a origem e a finalidade da vida e do destino do homem.*

Em seus depoimentos, escritos na fase de sua *iniciação*, o professor Hippolyte Léon Denizard Rivail declara que, observando os notáveis fenômenos produzidos pelas personalidades

---

[135] *João* 14:15 a 17 e 26.

do mundo invisível, neles identificava "a chave do problema tão obscuro e tão controvertido do passado e do futuro da Humanidade"[136], cuja solução viveu sempre a procurar.

Assumindo o compromisso que, em momento comovente, lhe é confirmado pelo Espírito Verdade, em reunião íntima de 12 de junho de 1856, menos de um ano depois, em 18 de abril de 1857, publica *O livro dos espíritos*, em sua primeira edição com 501 perguntas, destinado a promover *completa revolução nas ideias e nas crenças do mundo*. Em seguida, planeja os "pontos cardeais" de sua missão, os quais irá executar até a sua desencarnação, em 31 de março de 1869.[137]

Assim, se a primeira codificação é o *apelo*, e a segunda codificação a *resposta*, o que identifica um *diálogo* entre Deus e os homens, a *terceira codificação*, que é o Espiritismo, é a *síntese* desse diálogo.[138] Podemos chamá-la de *O Novíssimo Testamento*.

Esse *Novíssimo Testamento* está contido nos cinco livros básicos da Doutrina Espírita, citados, muitas vezes, metaforicamente, como *Pentateuco Espírita* ou *Pentateuco Kardequiano*, e nessas obras encontraremos as respostas para os questionamentos aflitos do ser humano terrestre, acerca da vida e da

---

[136] KARDEC, Allan. *Obras póstumas*. 41. ed. 1. imp. (Ed. Histórica). Brasília: FEB, 2019. pt. segunda, cap. Extratos, *in extenso*, do livro..., it. A minha primeira iniciação no espiritismo.

[137] PUGLIESE, Adilton. *Allan Kardec e o centro espírita*. 1. ed. Salvador: Leal, 2008. p. 39.

[138] PIRES, Herculano. *Introdução a livro dos espíritos*. 40. ed. São Paulo: Lake, 1980. p. 16.

morte, do sofrimento e do destino, proclamados no decorrer dos séculos. Assim, o *Pentateuco Espírita* é a síntese científica, filosófica e, sobretudo, ética acerca da história do passado, do presente e do futuro do homem.

Sem embargo, todo verdadeiro espírita necessita conhecer o conteúdo dessas obras, adiante resumido,[139] e onde encontrará as vigas mestras dos princípios básicos e dos postulados do Espiritismo.

"Publicado em 18 de abril de 1857, ele é o marco inicial da Doutrina Espírita, que trouxe uma profunda repercussão no pensamento e na visão de vida de considerável parcela da Humanidade. Contendo 1.019 perguntas formuladas por Allan Kardec, aborda os ensinamentos dos Espíritos, de forma lógica e racional, sob os aspectos científico, filosófico e religioso. Trata de Deus, da imortalidade da alma, da natureza dos Espíritos, das Leis Morais etc."

"Segunda obra da Codificação Espírita, publicada pela primeira vez em 1861, na França. Resume o ensino especial dos Espíritos sobre a teoria de todos os gêneros de manifestações, os meios de comunicação com o mundo invisível, o desenvolvimento da mediunidade e as dificuldades e escolhos que se podem encontrar na prática do Espiritismo, além de precioso vocabulário espírita na sua parte final."

[139] Extraídos das obras publicadas pela FEB, tradução de Evandro Noleto Bezerra.

"Terceira obra da Codificação Espírita, foi publicada pela primeira vez em abril de 1864, na França, sendo o livro espírita mais lido no Brasil.

Estruturado em 28 capítulos consoladores, oferece um roteiro seguro para a nossa reforma íntima, objetivo apontado pelo Cristo como indispensável para alcançarmos a felicidade e a paz interior."

Em 2014, foi comemorado o sesquicentenário do seu lançamento.

"Dividido em duas partes, foi publicado em 1865, constituindo-se no quarto tomo da Codificação Espírita. Seu objetivo principal é demonstrar a ação da Justiça Divina e a sorte que aguarda as almas após a morte do corpo físico, como consequência de seus próprios atos na Terra. Cita numerosos depoimentos acerca da situação real da alma durante e depois da morte."

"Quinta obra da Codificação Espírita, publicada em 6 de janeiro de 1868, analisa a origem da Terra e as gêneses orgânica, espiritual e mosaica, de forma lógica e racional, deixando de lado as interpretações misteriosas e as fantasias pueris sobre a criação do mundo. Aborda a questão dos 'milagres' de Jesus e os fatos extraordinários contidos no Evangelho. Enfoca as predições do Evangelho, os sinais dos tempos, a geração nova e a Nova Era para a regeneração da Humanidade."

13

O PONTÍFICE DA LUZ

A noite de 31 de dezembro de 1799, nas Esferas Superiores, teve, na história do planeta Terra, um significado especial.

Naquela data memorável, conforme relata o Espírito Humberto de Campos (Irmão X), reuniu-se "no coração da latinidade",[140] grande assembleia de Espíritos sábios e benevolentes, para assinalarem a chegada do século XIX.

Eram "antigas personalidades de Roma Imperial, pontífices e guerreiros das Gálias [...]. Gregos ilustres, sábios chineses, filósofos hindus, teólogos budistas".[140] Ali se achavam Sócrates, Platão, Aristóteles, Agostinho, Fénelon, Giordano Bruno, Orígenes, Vicente de Paulo, Joana d'Arc e muitos outros "heróis e paladinos da renovação terrestre". [140] Presentes, também, Voltaire, Rousseau e um grupo de almas ainda encarnadas, tendo à frente, "com os seus trajes habituais e com o seu chapéu característico", Napoleão Bonaparte[140].

Ante a expectativa de todos, um mensageiro celeste, "nimbados de claridade celestial", é apresentado ao corso por uma voz enérgica e doce, que exclama para Napoleão[141]:

---

140 XAVIER, Francisco Cândido. *Cartas e crônicas*. Pelo Espírito Irmão X. 14. ed. 3. imp. Brasília: FEB, 2015. cap. 28 – Kardec e Napoleão.

141 Id. Ibid.

> Irmão e amigo, ouve a Verdade, que te fala em meu espírito! Eis-te à frente do apóstolo da fé, que, sob a égide do Cristo, descerrará para a Terra atormentada um novo ciclo de conhecimento...
>
> [...] rende o culto de tua veneração ante o pontífice da luz! Renova, perante o Evangelho, o compromisso de auxiliar-lhe a obra renascente!...[142]

Naquele momento, Napoleão, encarnado, era apresentado ao "apóstolo que seria Allan Kardec",[143] o qual, "sustentando Napoleão nos braços, conchegou-o de encontro ao peito e acompanhou-o, bondosamente, até religá-lo ao corpo de carne, no próprio leito".

Aproximadamente cinco anos mais tarde, em 3 de outubro de 1804, "o mensageiro da renovação" renasceria "num abençoado lar de Lyon", na França, para começar "a preparação do terceiro milênio do Cristianismo na Terra".[143]

Consoante os registros da História, de 1814 a 1815, o Imperador, tendo convertido "celestes concessões em aventuras sanguinolentas",[144] perdia na batalha de Waterloo (1815) suas últimas esperanças e é "apressadamente situado, por determi-

---

[142] XAVIER, Francisco Cândido. *Cartas e crônicas*. Pelo Espírito Irmão X. 14. ed. 3. imp. Brasília: FEB, 2015. cap. 28 – Kardec e Napoleão.

[143] Id. Ibid.

[144] Id. Ibid.

nação do Alto, na solidão curativa da Ilha de Santa Helena".[145] Simultaneamente, no mesmo período, o jovem Hippolyte Léon Denizard Rivail, aos 10 anos, seguia para a Suíça, onde ingressa no Instituto de Pestalozzi.[146]

O destino desses dois famosos homens, Napoleão I e Allan Kardec, embora entrelaçados por compromissos assumidos no Mundo Espiritual, em benefício da Humanidade, teve rumos diferentes, tendo ambos definido as suas trajetórias consoantes as características marcantes de suas personalidades.

Enquanto Napoleão "engalanou-se com a púrpura do mando e, embriagado de poder",[147] proclamando-se imperador em 18 de maio de 1804, ordenando ao Papa Pio VII coroá-lo em Paris, enquanto Allan Kardec:

> [...] apagando a própria grandeza, na humildade de um mestre-escola, muito vez atormentado e desiludido, como simples homem do povo, deu integral cumprimento à Divina Missão que trazia à Terra, inaugurando a era espírita cristã, que, gradativamente, será considerada em todos os

---

[145] XAVIER, Francisco Cândido. *Cartas e crônicas*. Pelo Espírito Irmão X. 14. ed. 3. imp. Brasília: FEB, 2015. cap. 28 – Kardec e Napoleão.

[146] THIESEN, Francisco. WANTUIL, Zêus. *Allan Kardec*: o educador e o codificador. 4. ed. 1. imp. Brasília: FEB, 2019. cap. 2 – Formação escolar de Rivail. A reputação mundial do Instituto de Yverdon.

[147] XAVIER, Francisco Cândido. *Cartas e crônicas*. Pelo Espírito Irmão X. 14. ed. 3. imp. Brasília: FEB, 2015. cap. 28 – Kardec e Napoleão.

quadrantes do orbe como a sublime renascença da luz para o mundo inteiro.[148]

O Dr. Michael H. Hart, formado em ciências humanas pela Cornell University, em Direito e em Astronomia, escreveu, em 1978, o livro *As 100 maiores personalidades da história*: *uma classificação das pessoas que mais influenciaram a história*[149]. Nessa respeitável obra, de 610 páginas, Napoleão Bonaparte, o célebre general e imperador francês, ocupa a 34ª colocação. Júlio César (100 a.C.- 44 a.C.) "famoso líder militar e político romano", obteve a 67ª posição e Alexandre, o Grande (356 a.C.-323 a.C.) "o mais célebre conquistador do mundo antigo", foi posicionado no 33º lugar, antes de Napoleão, portanto.

Quais os vínculos que unem esses três homens na História da Terra? Quais as características de suas personalidades, que justificaram as suas ações e pelas quais são lembrados? Recorramos às revelações do Mundo Espiritual.

Ficaram célebres as experiências do médico francês Jean Martin Charcot (1825-1893), no século XIX, com a sensitiva Alcina, no asilo Salpetrière, em Paris. Numa reunião que contou com a presença de psiquiatras e professores universitários, o mestre francês Mathias Duval, ante os fenômenos paranormais produzidos pela médium, sugere que seja evocado

[148] XAVIER, Francisco Cândido. *Cartas e crônicas*. Pelo Espírito Irmão X. 14. ed. 3. imp. Brasília: FEB, 2015. cap. 28 – Kardec e Napoleão.

[149] Op. cit. 3. ed. Rio de Janeiro: Editora Difel, 2001.

o Espírito Platão, "que nos dirá algo sobre a semelhança entre Alexandre, César e Napoleão".

O Espírito do célebre discípulo de Sócrates, comunicando-se através de Alcina, tomando do giz, escreve, *em grego*, no quadro exposto na sala da experiência:

> Observei que, fisicamente, esses três homens se parecem: estatura mediana, temperamento nervoso e exagerado, paixões inferiores, vivacidade, soberba, talento extraordinário, tez morena, cabelos negros, mãos finas, expressão fácil, sem verbosidade, eloquência claríssima, resoluções firmes, atividade inesgotável etc. Todas estas condições lhes foram comuns; suas obras de guerreiros e conquistadores, idênticas; a ambição, única e igualmente arrebatadora: a dominação do mundo. Essa trindade teve uma única e mesma alma: foi Alexandre, foi César, foi Napoleão![150]

O Dr. Michael Hart, que em sua obra coloca Jesus como a terceira maior personalidade da História, logo depois de Maomé (1°) e de Isaac Newton (2°) não cita a personalidade de Allan Kardec. Nem entre as "menções honrosas", nem entre os casos de "ausências interessantes". Na *Introdução,* o biógrafo destaca que a classificação reflete suas próprias opiniões e que

---

[150] LOUREIRO, Carlos Bernardo. *As mulheres médiuns*. Brasília: FEB, 1996. p. 76.

recebeu muitas objeções após a publicação da 1ª edição do seu livro, em 1978, tendo feito inclusões e exclusões.

Lendo as biografias selecionadas, de uma centena de personagens históricos influentes, muitos deles presentes na histórica reunião espiritual de 31 de dezembro de 1799, e que deixaram as suas marcas de prestigio, fama, talento, versatilidade, nobreza de caráter etc., deixamo-nos envolver pela sugestão do Dr. Hart, ao recomendar ao leitor "compor a sua própria lista" de personagens.

Estimulado, assim, pela oportunidade, rogando *vênia* ao erudito escritor americano, incluo, então, na lista de homens e mulheres notáveis, o venerável nome de *Allan Kardec*, sem classificá-lo, contudo, porque o seu posicionamento na História foi definido por todos os espíritas do mundo, ao qualificá-lo, no ensejo das comemorações do bicentenário do seu nascimento, como "O Edificador de uma Nova Era para a regeneração da Humanidade".

E coloco, no topo do elenco, *Jesus*. Indiscutivelmente, a maior personalidade da História, em todos os tempos.

14

A MEDIUNIDADE DE ALLAN KARDEC

> Todo aquele que sente, num grau qualquer, a influência dos Espíritos é, por esse fato, médium. Essa faculdade é inerente ao homem; [...]. Por isso mesmo, raras são as pessoas que dela não possuam alguns rudimentos. Pode, pois, dizer-se que todos são, mais ou menos, médiuns.[...][151]

Ante essa definição, formulada por Allan Kardec e exarada no segundo tomo da Codificação Espírita, *O livro dos médiuns*, publicado em 15 de janeiro de 1861, estudiosos da sua vida exemplar perguntam: "Qual terá sido a mediunidade do Codificador do Espiritismo? Qual a sua faculdade específica, dentre aquelas por ele perfiladas nos capítulos XIV a XVI da supracitada obra?".

Na *Revue Spirite* de novembro de 1861 o próprio Codificador registrou o seu depoimento a respeito da questão da sua mediunidade. Em discurso pronunciado na Reunião Geral dos Espíritas Bordeleses, quando de viagem à cidade de Bordeaux, ele confirma a ajuda recebida dos Espíritos para alcançar os objetivos a que se propunha, mas "sem o menor sinal exterior

[151] KARDEC, Allan. *O livro dos médiuns*. 81. ed. 9. imp. (Edição Histórica). Brasília: FEB, 2020. cap. 14, it. 159.

de mediunidade. Assim, não sou médium, no sentido vulgar da palavra",[152] afirma ele, destacando ainda que por

> [...] uma mediunidade efetiva, eu só teria escrito sob uma mesma influência; [...]. Foi possível, assim, fazer uma seleção dos diversos ensinamentos, sem prevenção e com total imparcialidade. Vi muito, estudei muito e observei bastante [...].[152]

Ante os elucidativos comentários acima, a respeito da paranormalidade humana, depreende-se que todos a possuem, embora essa condição só qualifique "aqueles em quem a faculdade mediúnica se mostra bem caracterizada e se traduz por efeitos patentes, de certa intensidade, o que então depende de uma organização mais ou menos sensitiva".[153]

Referindo-se ao Cristo, tendo em vista o impacto de sua potencialidade paranormal, mas também refletindo acerca da trajetória evolutiva do seu iluminado e experiente Espírito, que transcende a criação da Terra, mas pertencendo à Humanidade terrestre ("Estava no mundo, mas o mundo foi feito por meio d'Ele" (*João*, 1:10)), o Codificador, em *A gênese*, questiona se Jesus teria agido "como *médium* nas curas que operava"[154] e se Ele poderia ser considerado "poderoso médium curador", elucidando

---

[152] KARDEC, Allan. *Revista Espírita*: jornal de estudos psicológicos. ano 4, n. 11, nov. 1861. Trad. Evandro Noleto Bezerra. 4. ed. 1. imp. Brasília: FEB, 2019. Reunião geral dos espíritas bordeleses, it. Discurso do Sr. Allan Kardec.

[153] Id. *O livro dos médiuns*. 81. ed. 9. imp. (Edição Histórica). Brasília: FEB, 2020. cap. 14, it. 159.

[154] Id. *A gênese*. 1. ed. 1. imp. (Edição Histórica Bilíngue). Brasília: FEB, 2019. cap. 15 – Os milagres do Evangelho, it. Superioridade da natureza de Jesus.

então que ser médium é ser intermediário, um instrumento dos Espíritos desencarnados e se algum influxo estranho o Mestre recebia "esse só de Deus lhe poderia vir" e que, "segundo definição dada por um Espírito, Jesus era *médium de Deus*".[155]

A magnitude da tarefa atribuída ao Cristo Planetário, com delegação de *Messias Divino*, e sua qualificação conquistada de Espírito Puro, fê-lo receber as especiais credenciais de Embaixador direto da Divindade, e ser detentor de fluidos perispirituais especialíssimos, que lhe conferiam "imensa força magnética, secundada pelo incessante desejo de fazer o bem".[156] Essa identificação pode ser lida também em *João*, 14:10: "Não crês tu que eu estou no Pai, e que o Pai está em mim? As palavras que eu vos digo não as digo de mim mesmo, mas o Pai, que está em mim, é quem faz as obras".

Fazendo-se analogia com a missão de Allan Kardec pode-se dizer que ele foi médium, sob a direta influência e inspiração do Espírito Verdade. Esse venerável Espírito, em reunião íntima com o professor Hippolyte Léon Denizard Rivail, em 12 de junho de 1856, em casa do Sr. Carlotti, atuando como médium a Srt.ª Aline Carlotti, define a missão do futuro Codificador do Espiritismo, destacando-lhe que não seria suficiente, apenas, a sua reconhecida inteligência, confirmada em largos anos como exímio pedagogista e educador, e traceja o perfil psicológico que lhe seria exigido, de domínio

---

[155] KARDEC, Allan. *A gênese*. 1. ed. 1. imp. (Edição Histórica Bilíngue). Brasília: FEB, 2019. cap. 15 – Os milagres do Evangelho, it. Superioridade da natureza de Jesus.

[156] Id. Ibid.

das emoções (podemos dizer de educação da paranormalidade); de sintonia adequada para *agradar a Deus* e, para *lutar contra os homens, coragem, perseverança e inabalável firmeza*; seriam indispensáveis, ainda, *prudência e tato*; *devotamento, abnegação e disposição a todos os sacrifícios*. São condições, enfatiza o Espírito Verdade, "que dependem de ti".[157]

A comprovação da *sintonia mediúnica* de Denizard Rivail perante o seu benfeitor espiritual emociona, ao responder-lhe: "Espírito Verdade, agradeço os teus sábios conselhos. Aceito tudo, sem restrição e sem ideia preconcebida".[158] E, em seguida, dirige comovedora prece a Deus:

> Senhor! pois que te dignaste lançar os olhos sobre mim para cumprimento dos teus desígnios, faça-se a tua vontade! Está nas tuas mãos a minha vida; dispõe do teu servo. [...] Ampara-me nos momentos difíceis e, com o teu auxilio e o dos teus celestes mensageiros, tudo envidarei para corresponder aos teus desígnios.[159]

Coordenar um projeto da magnitude, do porte do advento e consolidação da Terceira Revelação, cuja equipe de trabalho seria composta de homens e mulheres detentores de *organização sensitiva especial*, adestrados previamente no intercâmbio medianímico, aptos a captar as impressões

---

[157] KARDEC, Allan. *Obras póstumas*. 41. ed. 1. imp. Brasília: FEB, 2019. pt. segunda, cap. Extratos, *in extenso*, do livro..., it. Minha missão.

[158] Id. Ibid.

[159] Id. Ibid.

extrafísicas e de transmiti-las ao plano físico exigiu igualmente uma liderança com aptidões especiais, sobretudo na análise da produção mediúnica recebida diretamente nas reuniões realizadas nos núcleos familiares precursores e na Sociedade Parisiense de Estudos Espíritas, e daqueles outros ditados mediúnicos procedentes de diversas partes do mundo, com mais de dez médiuns prestando concurso ao trabalho de elaboração da primeira e segunda edições do livro básico da Doutrina Espírita, e da recepção das "Instruções dos Espíritos", que foram inseridas nas demais obras do *Pentateuco Kardequiano* e na *Revue Spirite*.

"Da comparação e da fusão de todas as respostas, coordenadas, classificadas e muitas vezes retocadas no silêncio da meditação, foi que elaborei a primeira edição de *O livro dos espíritos*, entregue à publicidade em 18 de abril de 1857",[160] declara Allan Kardec em suas anotações sobre os episódios que envolveram a sua iniciação no Espiritismo.

O querido mestre deixou registrada, no seu diário particular, a sensível habilidade que mantinha nas relações com os habitantes do *mundo invisível*: "[...] Conduzi-me, pois, com os Espíritos, como houvera feito com homens. Para mim,

[160] KARDEC, Allan. *Obras póstumas*. 41. ed. 1. imp. Brasília: FEB, 2019. pt. segunda, cap. Extratos, *in extenso*, do livro..., it. A minha primeira iniciação no espiritismo.

eles foram, do menor ao maior, meios de me informar e não *reveladores predestinados*".[161]

Allan Kardec, consoante sua interpretação íntima, pode não ter exercido a mediunidade em sua acepção *restrita*,[162] para "transmitir o pensamento dos Espíritos pela escrita ou pela palavra", muitas vezes aplicada em suas vertentes de *mediunidade de serviço ou provacional* ou como um *mediunato ou missão mediúnica*, que se caracterizam naquela condição de *mediunidade dinâmica*,[163] consoante os estudos do físico inglês William Jackson Crawford (1880-1920), catedrático de mecânica da Universidade de Belfast, na Irlanda, e que fez experimentos com ciências psíquicas, levitação e voz direta, descobridor das *alavancas ectoplasmáticas*. Mas, podemos considerar que, certamente, o Codificador era detentor de *especial antena psíquica*, naquela característica da acepção *ampla* da mediunidade, possuindo delicada percepção paranormal, com ênfase na intuição e na inspiração, podendo ser considerado o legítimo paradigma da mediunidade praticada e vivida *santamente, religiosamente*, no seu mais alto grau missionário, "um sacerdócio mediúnico de fraternidade, amor e compreensão".

---

[161] KARDEC, Allan. *Obras póstumas*. 41. ed. 1. imp. Brasília: FEB, 2019. pt. segunda, cap. Extratos, *in extenso*, do livro..., it. A minha primeira iniciação no espiritismo.

[162] *REFORMADOR*. ano 115, n. 2.021, p. 240, ago. 1997.

[163] PIRES, Herculano. *Mediunidade*. São Paulo: Edicel, 1978. p. 18.

15

RECORDANDO A DESENCARNAÇÃO DE ALLAN KARDEC[164]

"Fundador da Filosofia Espírita".[165] Esta identificação, logo abaixo do nome de Allan Kardec, insculpida na herma de bronze em seu túmulo, localizado no Cemitério Père-Lachaise, em Paris, é acompanhada de outra sentença que caracteriza aspectos fundamentais da Doutrina por ele codificada em meados do século XIX: "Todo efeito tem uma causa. Todo efeito inteligente tem uma causa inteligente. O poderio da causa é a razão da grandeza do efeito".[165]

Insculpida no frontispício do busto, a frase imortalizada pelo escritor alemão Johann Wolfgang von Goethe (1749-1832), e por outros pensadores, cintila possibilidades reencarnacionistas: "Nascer, morrer, renascer embora e progredir sem cessar, esta é a lei".[166]

A herma e seu pedestal estão como que guardados num impressionante monumento funerário de rochas de granito,

[164] THIESEN, Francisco. WANTUIL, Zêus. *Allan Kardec*: o educador e o codificador. 4. ed. 1. imp. Brasília: FEB, 2019. cap. 3 – Missão cumprida; solenes despedidas; depois de Allan Kardec.

[165] Id. Ibid. cap. 3, it. Descrição do monumento druídico.

[166] Id. Ibid.

caracterizando três autênticas pilastras e mais uma pedra tabular sobre elas. É o *dólmen* de Allan Kardec, de autoria do escultor francês Charles-Romain Capellaro (1826-1899), que se inspirou em sepulturas célticas antigas, inaugurado em cerimônia solene em 31 de março de 1870, pelas duas horas da tarde, quando se comemorava um ano do seu passamento.

No dia do sepultamento do Codificador, no Cemitério Montmartre, em Paris, em 2 de abril de 1869, às 12 horas, oradores se revezaram para relembrar o desenlace ocorrido entre 11 e 12 horas, de 31 de março daquele ano, em sua residência, situada à Rua Sainte-Anne, 59, passagem Sainte-Anne.

Mais de 1.200 pessoas, dentre elas membros e médiuns da Sociedade Parisiense de Estudos Espíritas, amigos e simpatizantes, bem como representantes do povo acompanharam o cortejo fúnebre, que seguiu a Rua de Grammont, atravessou os grandes bulevares, a Rua Laffitte, Notre-Dame-de-Lorette, a Rua Fontaine, os bulevares exteriores e entrou finalmente no Cemitério Montmartre.

Vários acompanhantes do féretro ouviram as palavras emocionadas do astrônomo e médium, membro da Sociedade Parisiense de Estudos Espíritas, Camille Flammarion (1842-1925), que discursou por meia hora após a oração proferida pelo Sr. Levent, "exaltando a figura do mestre", deixando para a posteridade o seu emocionante depoimento:

> Aos nossos pés dorme o teu envoltório, extinguiu-se o teu cérebro, fecharam-se-te os olhos para não mais

> se abrirem, não mais ouvida será a tua palavra... [...] Mas, não é nesse envoltório que pomos a nossa glória e a nossa esperança. Tomba o corpo, a alma permanece e retorna ao Espaço. [...]
>
> [...] A imortalidade é a luz da vida, como este refulgente Sol é a luz da Natureza.
>
> Até à vista, meu caro Allan Kardec, até à vista![167]

A viúva Allan Kardec, Sr.ª Amélie-Gabrielle Boudet, acompanhada dos confrades mais íntimos, certamente narrava a todos os amigos do casal o momento doloroso. Sozinho em sua casa, à Rua Sainte-Anne, Allan Kardec organizava objetos pessoais para mudar de residência. Eles iriam residir na Avenue et Vila Ségur, nº 39, local, aliás, onde Kardec tinha casa de sua propriedade, pelo menos desde 1860. Durante a azáfama para arrumar e acondicionar livros de sua biblioteca, correspondências, mobiliário e utensílios domésticos, o Codificador, sempre solícito, resolve atender "um caixeiro de livraria" interessado em adquirir exemplar da *Revue Spirite*, e, de repente, cai pesadamente ao solo, fulminado pela ruptura de um aneurisma.

Alexandre Dellane, pai do famoso escritor Gabriel Dellane (1857-1926), provavelmente o mais desolado de todos, lembrava-se do seu esforço para tentar reanimar o amigo de tantos anos. Chamado pelo caixeiro e pelos criados de Allan

[167] THIESEN, Francisco. WANTUIL, Zêus. *Allan Kardec*: o educador e o codificador. 4. ed. 1. imp. Brasília: FEB, 2019. cap. 3 – Missão cumprida; solenes despedidas; depois de Allan Kardec, it. A fala de Camille Flammarion.

Kardec, atendeu com rapidez e, ao encontrá-lo inerte, "friccionou-o, magnetizou-o, mas em vão. Tudo estava consumado".[168]

O Sr. E. Muller, "grande amigo de Allan Kardec e de sua esposa", durante o sepultamento certamente revivia as emoções de tê-lo visto logo após a desencarnação, visão essa que ele estampara em carta enviada no mesmo dia ao amigo comum, Sr. Finet, de Lion.

O Sr. Levent, discursando em nome da Sociedade Parisiense de Estudos Espíritas, a Spee, da qual era vice-presidente, ainda mais acentua as emoções de todos, ao relembrar "a fisionomia ao mesmo tempo benevolente e austera, o tato perfeito, a justeza de apreciação, a lógica superior e incomparável"[169] do mestre.

Cento e cinquenta e cinco anos após a desencarnação de Allan Kardec, sua memória continua viva, mais do que de qualquer outra personalidade histórica, cujos restos mortais estão sepultados no Père-Lachaise. Próximos ao seu mausoléu, "o segundo mais procurado pelos visitantes",[170] estão os despojos de celebridades como Yves Montand (1921-1991), cantor e ator popular; Guillaume Apollinaire (1880-1918), escritor e poeta nascido em Roma; Marcel Proust (1871-1922), escritor francês autor de *Em busca do tempo perdido*, dentre outros famosos.

---

[168] SAUSSE, Henri. *Biografia de Allan Kardec*. Trad. Evandro Noleto Bezerra. 2. ed. 1. imp. Brasília: FEB, 2020. it. A desencarnação de Kardec.

[169] Id. Ibid. it. Discursos proferidos junto ao túmulo.

[170] *A Tarde Cultural*, Salvador/BA. 12 de junho de 2004, p. 6 e 7.

Mestre, o símbolo dos teus despojos está na França. Nem todos os espíritas brasileiros, teus discípulos, e que te amamos, podemos visitar o dólmen druídico, que representa a memória de tua passagem na Terra, durante quase 65 anos, quando consolidaste a promessa feita por Jesus da vinda do Consolador, ao qual denominaste *Espiritismo*, cujos princípios básicos deixaste grafados em cinco obras fundamentais que escreveste em conjunto com os Espíritos Superiores, que acompanharam a tua emocionante jornada.

É nessa coletânea notável que nos legaste, de conteúdo científico, filosófico e ético, que podemos então sempre rever-te, cada vez mais intenso e vivo, em todas as atividades do Movimento Espírita Brasileiro, prestando-te, dessa forma, significativa homenagem.

Envolvendo-te, portanto, nesta atitude de respeito e consideração, com as energias das mais quintessenciadas vibrações, como expressão da nossa gratidão, associamo-nos às palavras de despedida de Flammarion: "Até à vista, meu caro Allan Kardec, até à vista".

16

ALLAN KARDEC E OS JOVENS

Allons enfants de la patrie,
Le jour de gloire est arrivé.[171]

Quando começou a frequentar as reuniões mediúnicas na casa da Sr.ª Plainemaison, a partir de uma terça-feira do mês de maio de 1855, a convite de um amigo, o Sr. Pâtier, o professor Hippolyte Léon Denizard Rivail, – futuro Allan Kardec – conheceu um cavalheiro que ficou famoso nos registros históricos do Espiritismo como *Monsieur Baudin*. Esse senhor Baudin também realizava, em 1855, experiências mediúnicas em sua residência, localizada na rua Rochechouart.

O professor Rivail, convidado, então, pelo senhor Baudin, vai assistir às reuniões que ocorriam em sua residência; e é ali que "encontraria o ambiente ideal para prosseguir seus estudos"[172]. Assim, em 1856, que foi um ano de grande importância para consolidação das tarefas primordiais dos trabalhos do futuro Codificador da Doutrina Espírita, ele passaria a

---

[171] LISLE, Claude-Joseph Rouget de. *La Marseillaise*. França: 1792.

[172] THIESEN, Francisco. WANTUIL, Zêus. *Allan Kardec*: o educador e o codificador. 4. ed. 1. imp. Brasília: FEB, 2019. cap I – A fagulha da renovação, it. H. L. D. Rivail, educador, estuda os fatos.

manter contatos com os Espíritos na casa desse senhor Baudin, então situada na Rua Lamartine, em Paris. Agora com um detalhe: essas reuniões, com a presença do famoso professor e pedagogo francês "atraíam seleta e numerosa assistência".[173] Há um destaque muito importante em torno dos Baudin: foi na intimidade do lar dessa família que teve início a elaboração de *O livro dos espíritos* e em grande parte concretizada.[174]

Recuemos um pouco no tempo, e vamos relembrar alguns destaques da vida de Allan Kardec. Podemos dividir a existência desse homem notável em três fases distintas:

1. o Educador;
2. o Codificador da Doutrina Espírita;
3. o Coordenador do Movimento Espírita, confirmada essa última pelos textos que elaborou a partir de 1868, a exemplo do Projeto 1868 e da Constituição do Espiritismo.

Têm sido evidenciados alguns perfis de Allan Kardec na fase de Educador, que vai de 1814 (como aluno em Yverdon) até 1854, quando atinge plena maturidade e respeitabilidade como pedagogo emérito, diretor do Instituto de Ensino, tendo lançado várias obras didáticas e promovido cursos gratuitos em Paris.

---

[173] THIESEN, Francisco. WANTUIL, Zêus. *Allan Kardec*: o educador e o codificador. 4. ed. 1. imp. Brasília: FEB, 2019. cap. 1 – A fagulha da renovação, it. H. L. D. Rivail, educador, estuda os fatos.

[174] Id. Ibid.

Mas, desde as suas experiências em Yverdon destaca-se uma faceta do seu caráter, da sua personalidade: a convivência com os jovens e o seu respeito aos adultos, sobretudo os mestres. A sua preocupação com a educação das crianças e da juventude de sua pátria é fascinante. Podemos, assim, depreender, que o seu contato, a sua interação com a juventude foi intensa. Sua esposa foi professora de primeira classe e de Belas-Artes, tendo escrito três livros: *Contos primaveris*, *Noções de desenho* e *O essencial em belas artes*. No Instituto Técnico Rivail que eles fundaram em Paris e que existiu até 1835, realizaram inúmeros cursos, continuados, posteriormente, até 1840, de forma gratuita, em sua residência.

Em Paris, nessa época, funcionava uma Instituição de cursos públicos, no bairro de São Germano, do educador francês David Lévi-Alvarès (1794-1870). Ainda moço Lévi-Alvarès criou cursos para elevar o nível de instrução de jovens, sobretudo de moças, seguindo um método que depois tomou o seu próprio nome. Nessa época, portanto, o professor Rivail colaborava com esse famoso pedagogista, elaborando os textos do curso frequentado pela juventude parisiense.[175]

O que desejamos destacar é a facilidade de convivência que o professor Rivail tinha com a juventude. E a importância dessa *convivência ter sido facilitada através do exercício do*

---

[175] THIESEN, Francisco. WANTUIL, Zêus. *Allan Kardec*: o educador e o codificador. 4. ed. 1. imp. Brasília: FEB, 2019. cap. 35 – Diplomas e recompensas; WANTUIL, Zêus. *Grandes espíritas do Brasil*. 1. ed. Brasília: FEB, 1981. p. 53.

magistério não foi por acaso, porquanto ela seria importante para a segunda fase de sua vida, aquela que o tornaria mundialmente conhecido como *Codificador do Espiritismo.*

Ao visitar pela primeira vez a família Baudin, o professor Rivail conheceu "as duas senhoritas Baudin, que escreviam numa ardósia com o auxílio de uma cesta, chamada *carrapeta*".[176]

Graças às suas observações e à pureza mediúnica daquelas duas jovens, o professor Rivail pôde dizer, mais tarde:

> [...] Compreendi, antes de tudo, a gravidade da exploração que ia empreender; percebi, naqueles fenômenos, a chave do problema tão obscuro e tão controvertido do passado e do futuro da Humanidade, a solução que eu procurara em toda a minha vida.[...][177]

Mais tarde, as meninas Baudin casam-se e dedicam-se a outras atividades, mas outras jovens haviam se aproximado de Allan Kardec: as médiuns senhoritas Japhet, Aline Carlotti e Ermance de la Jonchére Dufaux (nascida em 1841), conhecida como a *médium historiadora*, por ter sido autora de obras como *A vida de Joana d'Arc* (editada em 1858), *História de Luís XI*

---

[176] KARDEC, Allan. *Obras póstumas.* 41. ed. 1. imp. Brasília: FEB, 2019. pt. segunda, cap. Extratos, *in extenso*, do livro..., it. A minha primeira iniciação no espiritismo.

[177] Id. Ibid.

(1864) e *Vida de Carlos VIII*. A primeira obra seria queimada em praça pública, juntamente com livros de Allan Kardec, no famoso auto de fé em Barcelona, em 9 de outubro de 1861.

Devemos lembrar, também, que tudo começaria com a participação de três jovens irmãs que se tornariam um marco na história da mediunidade: Margareth Fox (14 anos), Katherine Fox (11 anos) e Leah Fox (37 anos). Foi a menina Katherine, de 11 anos, que deu início ao que ficou conhecido como *telegrafia espiritual*, durante os célebres episódios ocorridos em 31 de março de 1848, no lugarejo de Hydesville, no Condado de Rochester, nos Estados Unidos da América, na casa onde moravam.

Portanto, muitos jovens se aproximaram do Codificador. Um deles, que se celebrizaria nas atividades espíritas, viveu uma experiência interessante. Em 1864, ele tinha 18 anos e passava horas, na cidade de Tours, na França, onde morava, contemplando a vitrine de uma loja. Não era uma loja de doces ou brinquedos, mas a vitrine de uma livraria. Aquele jovem tinha um sonho desde os 16 anos: comprar um Atlas ilustrado por Gustave Doré (1833-1883). Estava guardando suas economias há tempo. Mas, um dia, sua mãe descobriu o seu tesouro – a sua poupança – e, premida pela necessidade, deu outro destino às economias do jovem.

Então, naquele ano de 1864 ele continuava namorando a vitrine da livraria quando viu um livro. Não era um Atlas nem um compêndio de Geografia. O título chamou a sua atenção. Tomou então coragem, verificando quanto possuía, entrou na livraria e comprou o livro que se tornaria o tesouro de sua vida. O verdadeiro *atlas* que indicaria os caminhos do seu destino: *O livro dos espíritos*. Esse jovem chamava-se Léon Denis. Achando que a sua mãe não aprovaria a leitura resolveu ler escondido. Mas as mães descobrem tudo! Assim como descobriu a *poupança* escondida... debaixo do colchão, ela encontrou o livro... debaixo do colchão! E então, também começou a ler... às escondidas! E o resultado é que ambos, D. Anne Lucie e Léon Denis se tornaram espíritas.[178]

Anos depois, em 1867, o jovem Denis, com 22 anos, teria oportunidade de ouvir o Codificador em pessoa, quando esse estivera visitando a sua cidade, Tours, para proferir uma conferência. No dia seguinte à palestra, Denis visitaria novamente Allan Kardec. Eram dois homens ligados através dos séculos. Um deles era o homem maduro, em pleno exercício de sua missão. O outro, ainda jovem, ensaiava ao lado do mestre os primeiros passos para ser, no futuro, o Consolidador do Espiritismo.

Há outros casos. No ano em que Kardec lançou *O livro dos espíritos* nascia, em Paris, em 23 de março, um menino que foi chamado François-Marie Gabriel Delanne, filho de Alexandre Delanne, amigo íntimo de Allan Kardec. Um dia o Codificador tomou esse menino, colocou-o em seu colo e vaticinou: "Este menino um dia será uma personalidade de destaque no Espiritismo". E acertou em cheio, porque após

---

[178] ARRUDA, Luzia H. Mathias. *Cenas da vida de Léon Denis*. 1. ed. Rio de Janeiro: Celd, 2000. p. 29.

formar-se em engenheiro eletricista e com apenas 28 anos publicou a sua primeira obra intitulada *O espiritismo perante a ciência*, nos idos de 1885, 16 anos após a desencarnação de Allan Kardec. Delanne foi uma figura notável do Espiritismo, companheiro de pesquisas de Charles Richet.[179]

A influência mais profunda, contudo, de um jovem na vida do Codificador e que permitiu as diretrizes eficazes do seu trabalho e a concretização das suas tarefas certamente foi a de Jesus – do qual era discípulo e por cujos ensinos se sacrificara –, que cumpriu a promessa da vinda do Consolador, nos ensinos transmitidos pelo Espírito de Verdade. Essa é das fases mais comovedoras da vida de Allan Kardec. No início tudo ainda era confuso e incerto. Os fenômenos agitavam as reuniões. O grupo na casa da família Baudin requisitava um líder e o professor Rivail parecia ser a pessoa certa. Até que aconteceu a reunião de 25 de março de 1856, na casa do Sr. Baudin, sendo médium uma de suas filhas. Nessa reunião, o futuro Codificador entraria em contato com o seu guia espiritual. É um momento emocionante! O professor pergunta: "Consentirás em dizer-me quem és? – Para ti, chamar-me-ei A Verdade e todos os meses, aqui, durante um quarto de hora, estarei à tua disposição".[180]

---

[179] GODOY, Paulo Alves; LUCENA, Antônio de Souza. *Personagens do espiritismo*. 1. ed. São Paulo: Feesp, 1982. p. 101.

[180] KARDEC, Allan. *Obras póstumas*. 41. ed. 1. imp. Brasília: FEB, 2019. pt. segunda, Extratos, *in extenso*, do livro..., it. A minha primeira iniciação no espiritismo, subit. Meu guia espiritual.

E depois, em 1860, declararia: "Venho, como outrora aos transviados filhos de Israel, trazer-vos a verdade e dissipar as trevas. Escutai-me".[181]

Allan Kardec ouviria aquela voz e dela jamais se apartaria, concretizando o advento do *Consolador*, prometido, dezoito séculos antes, pelo Mestre Nazareno.

[181] KARDEC, Allan. *O evangelho segundo o espiritismo*.131. ed. 16. imp. (Edição Histórica). Brasília: FEB, 2022. cap. 6 – O Cristo Consolador, it. 5.

17

ALLAN KARDEC NA CASA DA SR.ª PLAINEMAISON

Tudo começaria naquela noite, naquela terça-feira do mês de maio de 1855.

Naquela noite, na casa da Sr.ª Plainemaison, à Rua Grange-Battelière, 18, Paris, a sessão mediúnica receberia uma visita que mudaria os rumos dos acontecimentos em torno dos fenômenos das mesas girantes, que movimentavam os salões parisienses.

Convidado pelo Sr. Pâtier, funcionário público, com quem estivera, naquele mês, na residência da médium sonâmbula Sr.ª Roger, o professor Hippolyte Léon Denizard Rivail presenciaria, naquela reunião, ensaios, embora "muitos imperfeitos, de *escrita mediúnica numa ardósia*, com o auxílio de uma cesta".[182] Observador cuidadoso, prudente, meticuloso, o professor Rivail, diferente do numeroso público que frequentava as reuniões, e que fazia daqueles fenômenos um passatempo, "entrevia, naquelas aparentes futilidades, [...] a revelação de uma nova lei",[182] e se resolve por estudá-los.

[182] KARDEC, Allan. *Obras póstumas.* 41. ed. 1. imp. Brasília: FEB, 2019. pt. segunda, cap. Extratos, *in extenso*, do livro..., it. A minha primeira iniciação no espiritismo.

Aos 50 anos completos, porquanto nascera em 3 de outubro de 1804, o professor, renomado pedagogo em Paris, com cerca de 22 obras didáticas lançadas, e vasta cultura acumulada desde suas experiências como aluno no famoso Instituto de Pestalozzi, em Yverdon, na Suíça, é recebido com entusiasmo pelos grupos nascentes, sobretudo pelo Grupo da família Baudin, cujas reuniões passa a frequentar, tornando-se "desde logo muito assíduo".[183]

O mundo doméstico e profissional do célebre pedagogista, que assinara suas obras, até ali, como H. L. D. Rivail, nunca mais seria o mesmo. Casado, sem filhos, com a Sr.ª Amélie-Gabrielle Boudet (1795-1883), também professora, de Belas-Artes, escritora com três obras publicadas, ambos assumiriam, ele como titular e líder, ela como fiel assessora e conselheira, uma das maiores missões jamais confiadas a um casal na Terra: recepcionar a Terceira Revelação das Leis de Deus, vários séculos após Moisés, no deserto, ter lançado, inspiradamente, as bases do Código Divino e, posteriormente, o próprio Cristo vir à Terra e consolidar o Código do Amor, iniciando revelações sobre a verdadeira natureza e destino do homem, informações que seriam concretizadas dezoito séculos mais tarde, graças à promessa por Ele formulada, num momento de grande emoção, nos primeiros dias do começo da Era Cristã. João Evangelista, *o discípulo amado*, testemunha pessoal da declaração proferida e projetada para o futuro, a assinalaria, no seu evangelho, anos

---

[183] KARDEC, Allan. *Obras póstumas*. 41. ed. 1. imp. Brasília: FEB, 2019. pt. segunda, cap. Extratos, *in extenso*, do livro..., it. A minha primeira iniciação no espiritismo.

depois: “Se me amais, guardai os meus mandamentos; e Eu rogarei a meu Pai e Ele vos enviará outro Consolador, a fim de que fique eternamente convosco: o *Espírito de Verdade*, que o mundo não pode receber, porque o não vê e absolutamente o não conhece. Mas, quanto a vós, conhecê-lo-eis, porque ficará convosco e estará em vós [...]”.[184]

Graças ao seu caráter diamantino, à sua reputação de homem sério e que amava a Humanidade, preocupando-se com o seu futuro, o mestre das letras francesas assume a liderança do Grupo, dando início, ele mesmo, “a estudos sérios de Espiritismo”, vendo-o como uma nova ciência que surgia, aplicando-lhe, então, o “método experimental”, que ele conhecia e praticava desde a idade de 15 anos: “observava cuidadosamente, comparava, deduzia consequências; dos efeitos procurava remontar às causas, por dedução e por encadeamento lógico dos fatos, não admitindo por válida uma explicação, senão quando podia resolver todas as dificuldades da questão”.[185]

Todo o seu ser dizia-lhe que uma formidável “revolução nas ideias e nas crenças” se realizaria a partir dali, embora, somente mais tarde, em 30 de abril de 1856, é que tomaria conhecimento preliminar de sua missão, na casa do Sr. Roustan, onde realizava reuniões íntimas para, ouvindo os Espíritos, revisar a futura obra basilar da Doutrina: *O livro dos espíritos*, revelação essa que se

---

[184] KARDEC, Allan. *O evangelho segundo o espiritismo*. 131. ed. 13. imp. Brasília: FEB, 2019. cap. 6, it. 3. *João*, 15-17 e 26.

[185] Id. *Obras póstumas*. 41. ed. 1. imp. Brasília: FEB, 2019. pt. segunda, cap. Extratos, *in extenso*, do livro..., it. A minha primeira iniciação no espiritismo.

confirmaria em 7 de maio do mesmo ano, por meio do Espírito Hahnemann, na mesma residência, através da médium Srt.ª Japhet.

Durante quase dois anos, a partir de maio de 1855 e até abril de 1857, quando lança, em Paris, *O livro dos espíritos*, o professor Rivail irá desenvolver inúmeras atividades:[186]

a. Até o final de 1855 frequenta as reuniões da família Baudin, à Rua Rochechouart. Trava relação com Zéfiro, o Espírito. Presencia, nas reuniões, comunicações contínuas e respostas a questões formuladas e, algumas vezes, até a perguntas mentais;
b. Inicia, nesse período, seus estudos sérios de Espiritismo. Nessa fase, "as sessões nenhum fim determinado tinham tido".[187] Nelas, o professor tentava "obter a resolução de problemas que o interessavam, do ponto de vista da Filosofia, da Psicologia e da natureza do Mundo Invisível";[188]
c. Em 1856, frequentava também as reuniões espíritas à Rua *Tiquetone,* em casa do Sr. Roustan e Sr.ª Japhet, médium sonâmbula. Naquele momento de 1856, ele já havia concluído *O livro dos espíritos* e inicia sua meticulosa revisão, fazendo questão, porém, "de submetê-lo ao exame de outros Espíritos, com o auxílio de diferentes

---

[186] KARDEC, Allan. *Obras póstumas*. 41. ed. 1. imp. Brasília: FEB, 2019. pt. segunda, cap. Extratos, *in extenso*, do livro..., it. A minha primeira iniciação no Espiritismo.

[187] Id. Ibid.

[188] Id. Ibid.

médiuns".[189] Os Espíritos Codificadores do Espiritismo, contudo, recomendam uma análise de forma mais íntima, e o *professeur Rivail* passa, então, a utilizar as faculdades da Srt.ª Japhet para esse fim. Rigoroso, contudo, o sábio instrumento das Forças Divinas não se satisfaz com essa verificação. Sempre que as circunstâncias o colocavam em relação com outros médiuns, ele aproveitava para "propor algumas das questões que [lhe] pareciam mais espinhosas".

Em uma de suas obras, o professor Canuto Abreu (1892-1980), utilizando especial recurso literário, faz interessantes digressões históricas em torno da recepção ocorrida na Rue des Martyres nº 8, em Paris, preparada pelo casal Rivail em torno do lançamento da Obra Básica do Espiritismo. Dos vários diálogos entre os convidados destacamos os comentários da médium Caroline Baudin, a respeito do senhor Rivail, dirigindo-se à médium Ermance Dufaux:

> – Falava com humildade, polidamente, sem arrogância, discutindo, tentando convencer ou ficar convencido. Quando, após uma discussão magistral, julgava lógica a contenda dos Espíritos, dizia-lhes, rendendo as armas: – **É racional. Aceito.** Quando a resposta lhe parecia obscura e a tréplica a sustentava sem maior esclarecimento, falava: – Vou meditar sobre este ponto.

---

[189] KARDEC, Allan. *Obras póstumas*. 41. ed. 1. imp. Brasília: FEB, 2019. pt. segunda, cap. Extratos, *in extenso*, do livro..., it. A minha primeira iniciação no espiritismo.

> Voltaremos a ele noutra oportunidade. Ou, quando lhe parecia inaceitável, seja em virtude de contradição, seja por demasiado opinativa, aconselhava: – Vamos ponderar algum tempo a respeito. Ouvirei outros Espíritos. Debateremos a dificuldade. Se, porém, o ensino, por este ou aquele motivo de ordem moral, não lhe parecia plausível, afirmava sem ofender: – Esta lição parece-me inviável. E desta forma aceitava ou recusava ou removia os ensinamentos.[190]

Recordando esses fatos históricos que fazem parte da vida desse grande homem, que foi Allan Kardec, refletimos – porque não dizer – sobre o privilégio, dos espíritas, por ter sido essa personalidade singular que estava presente nas pioneiras reuniões da primeira fase da história do Espiritismo, que Deolindo Amorim (1906-1984) denominou de "Fase dos Fenômenos", sendo a segunda a "Fase da Doutrina".[191] Quão importante foi, para os espíritas, ter sido Allan Kardec que recepcionou o Espírito de Verdade, naquela noite de maio de 1855, na casa da Sr.ª Plainemaison, no limiar da porta do Mundo Espiritual que se abria através da mediunidade, cumprindo-se, assim, a milenar promessa da vinda do Consolador.

---

[190] ABREU, Canuto. *O livro dos espíritos e sua tradição histórica e lendária*. 1. ed. Edições LFU, 1996. p. 114.

[191] AMORIM, Deolindo. *Doutrina espírita*. 1. ed. Salvador: Círculo Espírita da Oração, 1993. p. 30.

18

ALLAN KARDEC, DISCÍPULO FIEL DE JESUS

Os espiritistas estudiosos devem sempre refletir sobre os profundos laços que uniam a Jesus, através dos séculos, a individualidade espiritual do Codificador da Doutrina Espírita, Allan Kardec.

Sendo o Espiritismo a concretização da promessa feita diretamente pelo Cristo, exarada pelo evangelista João[192] era imprescindível que o líder desse movimento de renovação, que teria início na segunda metade do século XIX, possuísse fortes vínculos com o Mestre Galileu, com a sua *messianidade*, com o seu projeto de implantação do Reino de Deus na Terra.

A preparação e capacitação do fiel discípulo exigiram vários séculos.

Reencarnações especiais, animando personalidades vigorosas e promotoras de mudanças sociais certamente foram consolidadas no perpassar dos tempos, podendo ser referenciada aquela que animou como mártir e reformador tcheco, consoante informação do Espírito Vianna de Carvalho, através da abençoada mediunidade de Divaldo Franco:

[192] *João*, 14:15 a 17.

> A Divina Providência faz que mergulhe nas sombras da Terra o eminente Espírito de Jan Huss (1369-1415), que se dera em sacrifício, no século XV, em favor da libertação do Evangelho de Jesus. Reencarnando-se, em Lyon, a 3 de outubro de 1804, recebeu o nome de Hippolyte Léon Denizard Rivail, que trouxe a indeclinável tarefa de modificar as estruturas do conhecimento e abrir espaços para a restauração do pensamento do Cristo, conforme Ele e os Seus discípulos o haviam vivido, dezenove séculos antes, na Palestina.[193]

Muito antes, o futuro missionário da revelação espírita também estivera exercitando o sacerdócio druida, nas Gálias antigas, como revelara o Espírito Zéfiro, com quem mantivera sólida amizade, "que os séculos fortaleceriam ainda mais".[194]

Dessa forma, ao perceber nos fenômenos das *mesas girantes*, em Paris, pelos idos de 1855, "a revelação de uma nova lei"[195], o pedagogo francês Denizard Rivail iniciaria fascinante jornada em sua vida, impulsionado pelos antigos ideais de renovação e, a exemplo de Cristóvão Colombo (1451-1506), desvendaria um novo mundo: o Mundo dos Espíritos.

---

[193] FRANCO, Divaldo. *Reflexões espíritas*. Pelo Espírito Vianna de Carvalho. 1. ed. Salvador: Leal, 1991. p. 12.

[194] THIESEN, Francisco. WANTUIL, Zêus. *Allan Kardec*: o educador e o codificador. 4. ed. 1. imp. Brasília: FEB, 2019. cap. 1 – A fagulha da renovação, it. 6.

[195] KARDEC, Allan. *Obras póstumas*. 41. ed. 1. imp. Brasília: FEB, 2019. pt. segunda, cap. Extratos, *in extenso*, do livro..., it. A minha primeira iniciação no espiritismo.

Seus contatos preliminares com diversas personalidades espirituais são momentos em que revela perspicácia e lucidez; domínio das emoções; controle perfeito durante os formosos diálogos mantidos na intimidade de sua residência e das famílias Baudin e Roustan, e mais tarde nos salões de trabalho, de estudo e intercâmbio mediúnico da Spee, fundada por ele em 1º de abril de 1858.

O Codificador, sentindo-se amparado pelo Espírito de Verdade, seu guia e protetor, que se lhe revelara em reunião de 25 de março de 1856, em casa de senhor Baudin, operando como médium uma de suas filhas, percebe, a partir desse encontro, que a missão que lhe fora reservada estava sustentada por vigorosos pilares. À medida que recebe os ensinos dos Espíritos, de aspecto científico, filosófico e ético, deve ter observado e refletido que estava amparado por especiais colunas dos códigos morais do *Peregrino da Galileia*.

Deixando-se, então, emocionar e estimular pela sutileza, profundidade e sentimento de amorosidade dos Espíritos que se movimentavam ao seu redor, dedica-se à tarefa com fervor e espírito de renúncia, consolidando, em 18 de abril de 1857, a sua primeira fase, com o lançamento, em Paris, de *O livro dos espíritos*, obra básica da Doutrina Espírita. Em seguida, animado pela percepção que passa a ter em torno do *edifício que estava construindo*, estabelece, em *O livro dos médiuns*, publicado em 15 de janeiro de 1861, os princípios fundamentais para as relações *medianímicas* com os habitantes do Mundo Invisível.

Incansável, enquanto edita e publica a *Revista Espírita*, com o primeiro exemplar divulgado em 1º de janeiro de 1858, preocupa-se com a administração da Spee na qualidade de seu presidente, cuida da vasta correspondência e dedica-se, sob especial emoção, a escrever aquela que seria a terceira obra do *Pentateuco Kardequiano*: *O evangelho segundo o espiritismo*, intitulado, preliminarmente, *Imitação do evangelho segundo o espiritismo*, exposto com essa denominação nas livrarias de Paris, na primeira edição de 15 de abril de 1864.

Em 9 de agosto de 1863, após guardar segredo dessa nova obra que estava escrevendo, resolve ouvir os Espíritos, deles obtendo aprovação e aconselhamentos: "Esse livro de doutrina terá considerável influência, pois que explanas questões capitais, e não só o mundo religioso encontrará nele as máximas que lhe são necessárias, como também a vida prática das nações haurirá dele instruções excelentes",[196] dizem-lhe as Entidades Amigas através do médium Sr. d'A...

Comunicam-lhe, ainda, que se aproximava a hora de "apresentar o Espiritismo qual ele é, mostrando a todos onde se encontra a verdadeira doutrina ensinada pelo Cristo";[197] e que "o Espiritismo é a única tradição verdadeiramente cristã e a única instituição verdadeiramente divina e humana".[198]

---

[196] KARDEC, Allan. *Obras póstumas*. 41. ed. 1. imp. Brasília: FEB, 2019. pt. segunda, cap. Extratos, *in extenso*, do livro..., it. Imitação do evangelho.

[197] Id. Ibid.

[198] Id. Ibid.

Imaginamos o impacto dessa revelação, desse desafio, em torno da missão de um livro, que apresentava um *novíssimo* noticiário evangélico que contemplava diretrizes morais. Sabendo, de antemão, das dificuldades que o Codificador enfrentaria e que os "espíritas seriam repelidos"[199] com o anátema de heresia, os Orientadores Espirituais presentes na memorável reunião afirmam-lhe, comovidos: "Ao te escolherem, os Espíritos conheciam a solidez das tuas convicções e sabiam que a tua fé, qual muro de aço, resistiria a todos os ataques".[200]

Podemos deduzir que Allan Kardec, de forma brilhante e inspirada, após estabelecer os princípios básicos da filosofia e da ciência espírita, considerou que todo o corpo de doutrina que estava elaborando, todas as suas formulações em torno da Existência de Deus; das Vidas Sucessivas e seu mecanismo; a Lei de Causa e Efeito; da Imortalidade da Alma; das revelações pioneiras sobre a Pluralidade dos Mundos Habitados; das leis que regem a Natureza; das propriedades e funções do Perispírito, necessitaria de uma *viga mestra* que desse sustentação à compreensão das finalidades desses postulados em benefício da felicidade e da evolução do ser humano.

Assim, ele foi buscar nas máximas de Jesus, no seu código moral, os fundamentos comportamentais para os adeptos e estudiosos da novel doutrina, máximas essas atualizadas,

---

[199] KARDEC, Allan. *Obras póstumas*. 41. ed. 1. imp. Brasília: FEB, 2019. pt. segunda, cap. Extratos, *in extenso*, do livro..., it. Imitação do evangelho.

[200] Id. Ibid.

interpretadas e enriquecidas com as *instruções dos Espíritos* inseridas nos diversos capítulos.

De suas nobres mãos saiu então o livro luz – *O evangelho segundo o espiritismo* – que contém "a explicação das máximas morais do Cristo, sua concordância com o Espiritismo e suas aplicações às diversas circunstâncias da vida".[201] Paira essa obra de essência divina, portanto, entre as outras que formam o conjunto da substância doutrinária espírita, iluminando-as.

Em 1º de agosto de 1865, lança o livro *O céu e o inferno* e, em de janeiro de 1868, publica *A gênese*, última obra do *Pentateuco.*

Somente um ser em plena sintonia com Jesus, desde remotas eras, poderia ter interpretado tão bem os seus pensamentos, como o fez Allan Kardec, exemplo de *discípulo* fiel e abnegado.

---

[201] KARDEC, Allan. *O evangelho segundo o espiritismo*. 131. ed. 16. imp. (Edição Histórica). Brasília: FEB, 2022. Folha de rosto.

19

1869: OS PRIMEIROS MESES SEM ALLAN KARDEC

O retorno inesperado do Codificador do Espiritismo à Pátria Espiritual, com o rompimento súbito de um aneurisma, na manhã de 31 de março de 1869, em sua residência, à Rua Sainte-Anne, 59, em Paris, provocaria excepcionais providências em caráter de emergência por parte dos seus sucessores. O acontecimento fundamental previsto, naquele dia do desenlace, era os preparativos da mudança de endereço residencial do mestre. Antes de desencarnar, Allan Kardec havia planejado cuidadosamente os motivos daquela alteração de domicílio, quando previra descentralização e sistematização das atividades.

Assim, produzira um documento aviso, que seria publicado na primeira página da *Revista Espírita,* de abril de 1869, informando:

a. Que o escritório de assinaturas e de expedição da *Revue* seria alterado para a sede da Livraria Espírita, Rue de Lille, 7;
b. Que a sede da redação da *Revue* e o seu domicílio pessoal seriam transferidos para a Avenue et Villa Ségur, 39, atrás dos Invalides.

Existia, assim, um *Plano de Trabalho*, de conteúdo dinamizador, para os anos futuros, e que teve que ser revisto pelos continuadores da missão do Codificador, sobretudo pelos dirigentes da Sociedade Parisiense de Estudos Espíritas, a Spee, também conhecida como Sociedade Espírita de Paris ou Sociedade de Paris. Allan Kardec planejara, por exemplo, o Projeto da fundação *Comunidade Espírita*, em sua propriedade particular, na *Villa Ségur*, idealizado em 1862 e que visaria "facilitar a tarefa do seu sucessor".[202]

Ficamos a imaginar o impacto daqueles primeiros dias sem a presença física do Codificador. Ausente o líder, o presidente da Organização, todos certamente estavam dominados pela perplexidade, pela insegurança quanto ao porvir.

São vários os registros na História, de Instituições ou de Comunidades que se extinguiram em decorrência do desaparecimento prematuro, inesperado, do seu principal dirigente, sobretudo quando estratégias não foram estabelecidas quanto aos tempos futuros, visando perenidade da Obra.

Os sucessores do Codificador tinham conhecimento da missão prevista para o Espiritismo, consoante mensagem obtida em Marselha, através do médium Jorge Genouillat, em 15 de abril de 1860, quando a Entidade comunicante, que se assina *Um Espírito*, declara: "O Espiritismo é chamado a desempenhar imenso papel na Terra. Ele [...] restaurará a

[202] THIESEN, Francisco. WANTUIL, Zêus. *Allan Kardec*: o educador e o codificador. 4. ed. 1. imp. Brasília: FEB, 2019. cap. 2 – Intrigas, provocações e desafios.

religião do Cristo [...]. Extinguirá para sempre o ateísmo e o materialismo [...]".[203]

Igualmente sabiam a respeito da "Influência do Espiritismo no Progresso",[204] e que ele se tornaria *"crença geral e* [*marcaria*] *nova era na história da Humanidade"*, conforme exarado na questão 798 de *O livro dos espíritos*.[205] Eram assim imensos os desafios para manter a chama do Consolador prometido por Jesus e acesa por Allan Kardec.

Assim, o seu Espírito, sabendo das consequências que o seu retorno repentino e ausência direta poderiam causar, naquele momento crucial, considerando, sobretudo, os planos de trabalho cogitados para o futuro, com metas a concretizar e a consolidar, manifesta-se então na Spee. No decorrer do mês de abril de 1869 suas comunicações foram transmitidas a vários médiuns, e reunidas numa única mensagem, divulgadas na *Revista Espírita* de maio daquele ano. Dita o Espírito do Codificador, dirigindo-se aos seus amigos e companheiros dos primeiros momentos do advento do Espiritismo:

> Como vos agradecer, senhores, pelos vossos bons sentimentos e pelas verdades expressas com tanta eloquência sobre os meus restos mortais?

---

[203] KARDEC, Allan. *Obras póstumas.* 41. ed. 1. imp. Brasília: FEB, 2019. pt. segunda, cap. Extratos, *in extenso,* do livro..., it. Futuro do Espiritismo.

[204] KARDEC, Allan. *O livro dos espíritos.* 93. ed. 9. imp. (Edição Histórica). Brasília: FEB, 2019. pt. terceira, cap. 8, q. 798 a 802.

[205] Id. Ibid. q. 798.

> [...] Que não seja Paris, que não seja a França o teatro de vossa ação; vamos a toda parte!
>
> [...]
>
> Sede confiantes em vossas forças: elas produzirão grandes efeitos se as empregardes com prudência; sede confiantes na força da ideia que vos une, pois ela é indestrutível. [...]
>
> [...]
>
> Coragem, pois, e esperança. Esperança!...[206]

Em junho de 1869, a *Revue* publica nova comunicação do Codificador, no capítulo das *Dissertações espíritas*, intitulada *O exemplo é o mais poderoso agente de propagação*, obtida em 30 de abril daquele ano. Em seus comentários, Allan Kardec, após as saudações afetuosas, informa que na última sessão, quando fora evocado, não atendera porque "estava ocupado alhures", esclarecendo:

> Nossos trabalhos como Espíritos são muito mais extensos do que podeis supor e os instrumentos de nossos pensamentos nem sempre estão disponíveis. Tenho ainda alguns conselhos a vos dar quanto à marcha que deveis seguir perante o público, com o objetivo de fazer progredir a

[206] KARDEC, Allan. *Revista Espírita*: jornal de estudos psicológicos. ano 12, n. 5, mai. 1869. Trad. Evandro Noleto Bezerra. 4. ed. 1. imp. Brasília: FEB, 2019. Dissertações espíritas.

> obra a que devotei a minha vida corporal, e cujo aperfeiçoamento acompanho na erraticidade.[207]

E, em seguida, exorta: "O que vos recomendo principalmente e antes de tudo, é a tolerância, a afeição, a simpatia de uns para com os outros, e também para com os incrédulos".[208]

Essas comunicações devem ter sido um bálsamo, um estímulo aos sucessores do mestre, a exemplo do Sr. Muller, do Sr. Levent (vice-presidente da Spee), do amigo Alexandre Delanne, do jovem Camille Flammarion, de Bittard (Gerente da Livraria) e do Sr. Malet (que seria o novo presidente da Spee), dentre outros.

Antes dessas comunicações, os componentes da Comissão que dirigia a Spee se reuniram, em nove de abril de 1869, com a seguinte justificativa:

> Em face das dificuldades surgidas com a morte do Sr. Allan Kardec, e para não deixar em suspenso os graves interesses que ele sempre soube salvaguardar, com tanta prudência quanto sabedoria, a Sociedade de Paris foi levada, no mais curto prazo, a se constituir de maneira regular e estável, tanto para as providências junto às autoridades, quanto para tranquilizar os espíritos

---

207 KARDEC, Allan. *Revista Espírita*: jornal de estudos psicológicos. ano 12, n. 6, jun. 1869. Trad. Evandro Noleto Bezerra. 4. ed. 1. imp. Brasília: FEB, 2019. Dissertações espíritas.

208 Id. Ibid.

> timoratos sobre as consequências do acontecimento imprevisto que, repentinamente, feriu toda a grande família espírita.[209]

Durante o encontro, é apresentado pelo vice-presidente Levent o novo presidente da Spee, sucessor de Allan Kardec, o Sr. Malet, que "reúne todas as grandes qualidades necessárias para assegurar à Sociedade uma direção firme e sábia".[210] Levent enfatiza em seu discurso a dedicação do Codificador, que dirigira a Spee desde a sua fundação, declarando:

> Esperemos que tão nobre exemplo não seja perdido; que tantos trabalhos não fiquem estéreis e que a obra do mestre seja continuada; numa palavra, que ele não tenha semeado em terra ingrata.[211]

Em seguida, o Sr. Levent apresenta duas metas indispensáveis para a nova gestão: a mais completa união entre todos os societários e o respeito ao programa novo que o saudoso presidente, na sua solicitude esclarecida e em sua lúcida previsão, tinha preparado há alguns meses e publicado na *Revista Espírita* de dezembro de 1868.

Esse programa faz parte do documento intitulado "Constituição do Espiritismo", considerado o *canto do cisne*,

---

209 KARDEC, Allan. *Revista Espírita*: jornal de estudos psicológicos. ano 12, n. 5, mai. 1869. Trad. Evandro Noleto Bezerra. 4. ed. 1. imp. Brasília: FEB, 2019. Nova constituição da Sociedade de Paris.

210 Id. Ibid.

211 Id. Ibid.

de "reflexões e inspirações do Codificador"[212] que "resultou de plano concebido pelo menos oito ou nove anos antes de 1869",[212] e que em dezembro de 1868 foi publicado com cortes e acréscimos. Mais tarde, em 1890, esse documento seria inserido no livro *Obras póstumas*, por Pierre-Gaëtan Leymarie.[213]

Compulsando a *Revista Espírita* de 1869 observaremos, no período de abril a dezembro daquele ano, metas concretizadas pela nova gestão pós-Allan Kardec, e outros acontecimentos ocorridos em face de sua desencarnação:

- ✓ A expedição da *Revista Espírita* é transferida para a sede da Livraria Espírita, à Rua de Lille, nº 7;
- ✓ O escritório da redação da *Revue* e o domicílio pessoal do casal Allan Kardec passam para a Avenida e Ville Ségur, nº 39, atrás dos Inválidos;
- ✓ A Spee faria as suas sessões, provisoriamente, no mesmo local da Livraria;
- ✓ São realizadas reuniões da nova gestão, através da Comissão Central, visando "não deixar um só instante a Sociedade Parisiense de Estudos Espíritas sem direção legal, aceita e reconhecida";[214]

---

[212] THIESEN, Francisco. WANTUIL, Zêus. *Allan Kardec*: o educador e o codificador. 4. ed. 1. imp. Brasília: FEB, 2019. cap. 2 – Preparativos finais; continuidade da obra; *Canto do cisne*, de Allan Kardec.

[213] Id. Ibid.

[214] KARDEC, Allan. *Revista Espírita*: jornal de estudos psicológicos. ano 12, n. 6, jun. 1869. Trad. Evandro Noleto Bezerra. 4. ed. 1. imp. Brasília: FEB, 2019. Nova constituição da Sociedade de Paris.

- ✓ Posse dos sete componentes da nova diretoria para o período 1869-1870, composta pelos Srs. Malet, Levent, Canaguier, Ravan, Desliens, Delanne e Tailleur, sob a presidência do primeiro;
- ✓ Doação à Caixa Geral do Espiritismo, pela Sr.ª Allan Kardec, Amélie Boudet, dos "excedentes dos lucros provenientes da venda dos livros espíritas e das assinaturas da *Revista*, bem como das operações da Livraria Espírita", mediante condições expressas no documento de cessão; [215]
- ✓ Em julho informa a concretização da 11ª Edição de *O livro dos médiuns* e a 4ª Edição de *O céu e o inferno*;
- ✓ Em agosto, a *Revista* informa a Constituição da Sociedade Anônima – sem fins lucrativos e de capital variável da Caixa Geral e Central do Espiritismo", consoante ato de três de julho de 1869, idealizada pela Sr.ª Allan Kardec, e formada com o concurso de mais seis outros espíritas. No ato constitutivo a descrição do objetivo da nova Sociedade: "tornar conhecido o Espiritismo por todos os meios autorizados pelas leis".[216] A iniciativa foi alvo de calorosas felicitações e satisfação geral por parte de correspondentes e dos espíritas em geral, destacaria o exemplar da *Revue* do mês de setembro de 1869;
- ✓ Em setembro, a *Revista* anuncia a demissão do Sr. Malet, a pedido, da presidência da Spee;

---

[215] KARDEC, Allan. *Revista Espírita*: jornal de estudos psicológicos. ano 12, n. 6, jun. 1869. Trad. Evandro Noleto Bezerra. 4. ed. 1. imp. Brasília: FEB, 2019. it. Caixa Geral do Espiritismo.

[216] Id. *Revista Espírita*: jornal de estudos psicológicos. ano 12, n. 8, ago. 1869. Trad. Evandro Noleto Bezerra. 4. ed. 1. imp. Brasília: FEB, 2019. Aos espíritas.

- ✓ Em dezembro, é publicada matéria acerca da Sessão Anual Comemorativa do Dia dos Mortos, realizada em 1º de novembro de 1869, sobretudo em especial reconhecimento à memória de Allan Kardec.

Depreende-se, assim, que foram intensas as atividades daqueles "espíritas da primeira hora do Espiritismo", naqueles instantes desafiadores da nova fase que experimentaria o Movimento Espírita nascente nas terras da França, mas cujo campo de atuação seria o mundo! A esses pioneiros certamente muito devem os primeiros desbravadores do Espiritismo no Brasil. A todos eles nossas homenagens.

Allan Kardec

20

TRÊS PERGUNTAS DE EINSTEIN PARA FREUD (QUE TAMBÉM PODEM SER RESPONDIDAS POR KARDEC)

Prezado professor Freud: "Existe alguma forma de livrar a Humanidade da ameaça de guerra?".

Assim está exarado no *caput* da carta enviada ao cognominado *Pai da Psicanálise*, Sigmund Freud. A correspondência estava assinada pelo famoso físico alemão Albert Einstein e datada de 30 de julho de 1932, às vésperas da invasão nazista à Áustria, o qual apresenta a questão a convite da *Liga das Nações* (precursora da ONU) e de seu Instituto Internacional para a Cooperação Intelectual, localizado em Paris. Além daquela, outras duas perguntas compõem a histórica missiva: "Como os mecanismos de poder conseguem despertar nos homens um entusiasmo extremado, a ponto de sacrificarem suas vidas?" e "É possível controlar a evolução da mente do homem de modo a torná-lo à prova das psicoses do ódio e da destrutividade?"[217]

[217] *Tudo sobre Freud*. n. 19. São Paulo: Mythos Editora. p. 30.

Albert Einstein e Freud apenas uma vez se encontraram, na casa do filho mais velho desse último, no ano de 1927, em Berlim.

Einstein nasceu na cidade de Ulm, Alemanha, em 14 de março de 1879 e seis anos depois começou a frequentar a escola básica católica de Munique. Em 1894, seus pais se mudam para a Itália, passando então a estudar numa escola na Suíça. Em 1900, publica o seu primeiro artigo de natureza científica e torna-se cidadão suíço. Casa-se com Mileva Maric. Em 1909, vamos encontrá-lo ensinando Teoria da Física na Universidade de Zurique. A partir de 1912-1914 começa a realizar os seus famosos estudos em torno da Teoria da Relatividade Geral, publicando-a em 1916. Antes, separa-se e formaliza matrimônio com sua prima Elsa Löwenthal. Recebe o prêmio Nobel de Física em 1922 e visita o Brasil em 1925, migrando, posteriormente, em 1933, para os Estados Unidos, onde recebe a cidadania norte-americana (1940). Recusa, em 1955, convite para assumir a presidência de Israel, desencarnando em 18 de abril de 1955, aos 76 anos, no Hospital de Princeton, em Nova Jersey (EUA), vítima de um aneurisma da aorta. Esse é um resumo/esboço da trajetória da vida do grande físico alemão.[218]

Sigmund Freud, cujo nome de batismo foi Sigmund Schlomo Freud, nasceu na Morávia, em 6 de maio de 1856, na cidade de Freiberg, atual Příbor, na República Tcheca.

[218] COHEN, Marleine. *Albert Einstein*: personagens que marcaram época. Rio de Janeiro: Editora Globo, 2007.

Posteriormente, a família de Freud muda-se para Viena e ele é matriculado no Liceu (Gymnasium), onde obtém graduação e ingressa no curso de Medicina, na Universidade de Viena, em 1873, concluído em 1881. A partir de 1885 e até março de 1886, faz estágio com o grande médico francês Jean-Martin Charcot (1825-1893), no hospital Salpêtrière, em Paris. Em 1896, usa o termo "psicanálise" pela primeira vez, publicando, posteriormente, as obras *Interpretação dos sonhos* (1899) e *Três ensaios sobre a teoria da sexualidade* (1905) e vários outros livros. Após a anexação da Áustria pela Alemanha, em 1938, Freud emigra para a Inglaterra e desencarna em Londres, a 23 de setembro de 1939.[219]

Com esses dados biográficos pretendemos destacar o valor desses dois grandes nomes da Ciência do século XX, mas que continuam a exercer excepcional influência no pensamento mundial do atual milênio.

Ambos, há mais de sete décadas, demonstrando as suas preocupações com relação ao destino da Humanidade e revelando os seus ideais de paz, identificando perfeita harmonia entre os seus pensamentos, trocaram a famosa correspondência citada na introdução destes comentários.

A essência do pensamento de Einstein, ao formular ao criador da Psicanálise as suas instigantes perguntas,[220] demons-

---

[219] *Tudo sobre Freud*. n. 19. São Paulo: Mythos Editora. p. 30; *Viver mente e cérebro*: Freud e o despertar do inconsciente. n. 1. Porto Alegre, RS: Duetto, 2009.

[220] Disponível em: http://www.scribd.com/doc/7182942/Einstein-e-Freud-Por-Que-a-Guerra-Cartas.

tra a preocupação do grande físico, inicialmente com a ameaça constante de nova guerra. Ele um dia declarou: "Não sei quais serão as armas da Terceira Guerra Mundial, mas a Quarta Guerra Mundial será combatida com paus e pedras".[221] Destaca para o Dr. Freud, assim, que com o progresso da Ciência de nossos dias "esse tema adquiriu significação de assunto de vida ou morte para a civilização",[222] e de que "todas as tentativas de solucioná-lo terminaram em lamentável fracasso".[223] Ao justificar o seu apelo ao famoso psicanalista, em nome das entidades de caráter social e científico que representa, o gênio da Matemática declara que "o objetivo habitual do seu pensamento não lhe permite uma compreensão interna das obscuras regiões da vontade e do sentimento humano",[224] e posiciona a sua expectativa de que Freud "proporcione a elucidação do problema mediante o auxílio do seu profundo conhecimento da vida instintiva do homem".[225]

No segundo questionamento, derivado do primeiro, Einstein enfatiza o seu diagnóstico científico que "o homem encerra dentro de si um desejo de ódio e destruição e que esse *estado de paixão* pode ser elevado à potência de psicose

[221] COHEN, Marleine. *Albert Einstein*: personagens que marcaram época. Rio de Janeiro: Editora Globo, 2007. p. 109.

[222] Id. Ibid.

[223] Id. Ibid.

[224] Id. Ibid.

[225] Id. Ibid.

coletiva e que só um especialista (como no caso de Freud) na ciência dos instintos humanos pode resolver".[226]

Finalmente, na última questão formulada naqueles idos de 1932, pelo criador da Teoria Geral da Relatividade – e que um dia declarou que "apenas duas coisas são infinitas, o Universo e a estupidez humana, mas não estou certo quanto ao primeiro"[227] – ele argumenta que possuía consciência do interesse das classes dominantes, que "não tinham limite em sua fome de poder político" e que "consideravam a guerra como uma forma de expandir seus interesses pessoais", tendo Einstein ainda noção exata, além das guerras entre as nações, "da existência dos conflitos por intolerância religiosa ou perseguições a minorias raciais".[228]

Em setembro de 1932, Sigmund Freud responde ao "prezado professor Einstein", declarando ter sido pego de surpresa acerca da indagação *o que pode ser feito para proteger a Humanidade da maldição da guerra*, enfatizando que, em princípio, entendeu ser o assunto do domínio de *estadistas*, mas teve a intuição que Einstein formulara a questão não como cientista, mas na qualidade de filantropo, solicitando, portanto, a ele, Freud, uma resposta-abordagem a partir da Psicanálise, enfatizando ser a guerra consequência das "pulsões", do ódio

[226] COHEN, Marleine. *Albert Einstein*: personagens que marcaram época. Rio de Janeiro: Editora Globo, 2007. p. 109.

[227] Id. Ibid. p. 110.

[228] *Tudo sobre Freud*. n. 19. São Paulo, SP: Mythos Editora. p.30.

e do desejo de destruição e que a sociedade vive em constante transformação da violência. Em muitos indivíduos, segundo Freud, existem agressividade e crueldade, conforme apurava o ilustre psicanalista ouvindo relatos dramáticos resultantes de transtornos da personalidade.

O pensamento freudiano ensina que os seres humanos são incitados à guerra por diversos motivos, entre eles o desejo da agressão e destruição, e que a satisfação desses impulsos destrutivos seria facilitada por sua mistura com outros motivos de natureza emotiva e idealista. Freud enfatiza que se o desejo de aderir à guerra é um efeito do instinto destrutivo a solução será contrapor-lhe o "eu" antagonista mais poderoso: Eros, o instinto do amor. Nesse ponto, portanto, a Psicanálise fala de amor e Freud lembra o Novo Testamento: *Ama a teu próximo como a ti mesmo* e que nesse momento "os homens partilham seus interesses e produzem comunhão de sentimentos". O autor de *O mal-estar na civilização* (1930) propõe que era necessário um cuidado com a educação dos homens de mentalidade independente, educação essa que não deveria ser baseada na coação ou na intimidação, embora para ele esse ideal educacional fosse uma utopia.

No ano em que Sigmund Freud fez 13 anos, Allan Kardec desencarnava em Paris, a 31 de março de 1869. Einstein nasceria somente dez anos depois e, em 1932, a sua famosa carta, escrita quando ele tinha 53 anos, poderia também ter sido submetida à apreciação do pensamento doutrinário do

Espiritismo, constante de suas obras básicas, resultado do esforço pessoal de Allan Kardec e de sua equipe de médiuns e de colaboradores diretos, e da ação coletiva, organizada, com dinâmica de *universalidade de ensino*, promovida pelos Espíritos que se mobilizaram, em nome de Deus e de Jesus, para consolidarem a vinda do Consolador à Terra.

Imaginando-se a possibilidade, que resposta Allan Kardec daria aos questionamentos de Einstein? O Codificador certamente se reportaria ao capítulo 6 – *Da lei de destruição*, constante da parte terceira de *O livro dos espíritos*, publicado em 18 de abril de 1857, máxime a partir da questão 742, quando os Espíritos, indagados: "Que é o que impele o homem à guerra?", respondem que é a "Predominância da natureza animal sobre a natureza espiritual e transbordamento das paixões" e que "À medida que o homem progride, menos frequente se torna a guerra, porque ele lhe evita as causas, fazendo-a com humanidade, quando a sente necessária".[229] Reforçaria esses lúcidos e racionais ensinos, informando que o homem não tem *duas almas*, uma boa e outra má, maneira de ver que resultaria serem os bons e maus instintos do homem, efeito da predominância de uma ou outra dessas almas, e sim que dupla no homem só é a *natureza*. Há nele a natureza animal e a natureza espiritual, tal como exarado na questão 605.

---

[229] KARDEC, Allan. *O livro dos espíritos*. 93. ed. 9. imp. (Edição Histórica). Brasília: FEB. 2019. q. 742.

Comentaria, ainda, consoante a questão 743, do livro básico da Doutrina Espírita, que a guerra desaparecerá um dia da face da Terra, "quando os homens compreenderem a justiça e praticarem a Lei de Deus" e que, "nessa época, todos os povos serão irmãos."[230]

Elucidaria, também, a respeito do livre-arbítrio, tal como está registrado na questão 843, na qual os Espíritos destacam que o homem tem a liberdade de pensar e de agir, e que seria uma máquina se não possuísse a liberdade de escolha consoante o seu próprio discernimento. Apresentaria, igualmente, os seus estudos em torno da educação moral, aquela que consiste *na arte de formar os caracteres*, que pode ser definida como o "conjunto dos hábitos adquiridos", afirmando que "só a educação poderá reformar os homens", ensinamentos estes constantes das questões 685a e 796 de *O livro dos espíritos.*

Finalmente, poderia encerrar a sua resposta a Einstein informando-o que o "homem é quase sempre o obreiro da sua própria infelicidade", mas que, praticando "a Lei de Deus, a muitos males se forrará e proporcionará a si mesmo felicidade tão grande quanto o comporte a sua existência grosseira",[231] consoante as informações dos Espíritos, exaradas na questão 921 do referido livro.

---

[230] KARDEC, Allan. *O livro dos espíritos*. 93. ed. 9. imp. (Edição Histórica). Brasília: FEB. 2019. q. 743.

[231] Id. Ibid. q. 921.

Num futuro próximo, muitas indagações acerca de enigmas da vida e do comportamento humano, que aturdem cientistas, religiosos, pensadores agnósticos e de visão reducionista do homem, serão examinadas à luz do Espiritismo, obtendo-se, então, a claridade necessária à sua interpretação e solução.

21

A SUBLIME DÁDIVA DE ALLAN KARDEC PARA OS MÉDIUNS

"Allan Kardec, pela retidão de seu caráter e dignidade de sua vida, pela elevação de seus pensamentos, teve o privilégio de atrair Espíritos nobres e elevados. Leiamos e meditemos seus livros, que são expressão da mais pura sabedoria e verdade."[232]

Transcorria o mês de março de 1857. Há mais de três meses o Codificador do Espiritismo, Allan Kardec, entregara à *E. Dentu, Libraire*, localizada no Palais Royal, Galerie d'Orléans, 13, em Paris, os manuscritos de *O livro dos espíritos*, e esperava, pacientemente, a chegada dos exemplares.[233]

Havia uma atmosfera de expectativa, provavelmente. Uma ansiedade agradável, bem maior do que naqueles momentos em que aguardava a impressão e publicação dos seus livros didáticos. Aquela obra era especialíssima! Fora escrita *a quatro mãos* em conjunto com os Espíritos, e ele assumira a tarefa

---

[232] DENIS, Léon. *Espiritus y médiums. In:* Allan Kardec no Pensamento de Léon Denis. Rio de Janeiro: Celd, 1978. p. 32.

[233] CANUTO, Abreu. *O livro dos espíritos e sua tradição histórica e lendária*. São Paulo: Edições LFU, 1992.

como uma missão, tendo como *viga mestra* a promessa de amor de Jesus acerca da vinda de O Consolador, tal como exara João em seu evangelho.[234]

Enquanto esperava e organizava os preparativos para o lançamento da obra nuclear da Doutrina Espírita, em 1ª edição, a qual abordaria, sobretudo, a sua substância filosófica, o mestre do Espiritismo não descansava, e, após a publicação em 18 de abril de 1857, a missão continuaria extensa e laboriosa.

Diversas anotações estavam sendo, cuidadosamente, examinadas para compor um futuro suplemento[235] da obra básica, projeto este que seria, contudo, abandonado, para consolidar um empreendimento mais arrojado e amplo, que contemplaria uma 2ª edição de *O livro dos espíritos*, "*inteiramente refundida e consideravelmente ampliada*", das três partes com 501 perguntas originais, para 1.019 questões, dividindo a nova estrutura da obra em quatro partes. "Esta reimpressão, pode, pois, ser considerada como obra nova", declara o Codificador, em anúncio na *Revista Espírita* de março de 1860.[236]

Deduzimos que essa nova dimensão para divulgar os ensinos dos Espíritos foi motivada por uma iniciativa de Allan Kardec: ao publicar a 1ª edição, ele formula um pedido para

---

[234] *João*, 14:15 a 17.

[235] KARDEC, Allan. *Revista Espírita*: jornal de estudos psicológicos. ano 3, n. 3, mar. 1860. Trad. Evandro Noleto Bezerra. 4. ed. 1. imp. Brasília: 2022. À venda – *O livro dos espíritos* – Segunda edição.

[236] Id. Ibid.

que todos que a lessem enviassem, às suas considerações, novas perguntas, propondo novas abordagens e perquirições que, não contempladas na edição original, seriam submetidas aos Espíritos.

No "Epílogo" que escreveu para a 1ª edição de 1857 de *O livro dos espíritos*,[237] pode-se ler, referindo-se ao livro:

> [...] Esperamos que ele dê outro resultado, o de guiar os homens que desejam esclarecer-se, mostrando-lhes, em tais estudos, um fim grande e sublime: o do progresso individual e social e o de lhes indicar o caminho a seguir para o alcançar. Associar-nos-emos de todo coração a seus trabalhos e nos rejubilaremos com todas as comunicações que eles houverem por bem nos enviar a respeito.[238]

E, continua o Codificador:

> [...] A próxima publicação,[239] que será continuação dos três livros contidos nesta primeira obra, compreenderá, entre outras coisas, os meios

---

[237] Na edição definitiva de 1860, será inserido pelo Codificador, muito mais resumido e com modificações, como parágrafo XVII da "Introdução", conforme nota do tradutor da Edição Histórica Bilíngue, de 2014.

[238] KARDEC, Allan. *O livro dos espíritos*. 1. ed. 2. imp. (Edição Histórica Bilíngue). Brasília: FEB. 2014. Epílogo.

[239] Tudo indica estar Kardec se referindo a *O livro dos médiuns*, que seria publicado em 1861, conforme nota do tradutor da Edição Histórica Bilíngue, de 2014, de *O livro dos espíritos*.

> práticos pelos quais o homem pode conseguir neutralizar o egoísmo, fonte da maioria dos males que afligem a sociedade. Este assunto diz respeito a todas as questões de sua posição no mundo e de seu futuro terrestre.[240]

Observa-se, ainda, ao final do texto, uma *nota* de Allan Kardec: "Esta segunda parte será publicada mediante subscrição, e destinada às pessoas que se inscreverem com esse objetivo, fazendo-nos seu pedido por escrito (sem qualquer ônus)".[241]

Pode-se depreender que a resposta ao apelo foi surpreendente, o que levou o Codificador a exaustivo labor, culminando com a 2ª edição de *O livro dos espíritos* "consideravelmente ampliada", um conjunto granítico de temas científicos, filosóficos e éticos – com destaque para a Parte Terceira, que trata *Das Leis Morais* –, que a compõem e que expressam os postulados do Espiritismo, *Les principes de la doctrine spirite*, como consta no frontispício do original.

O professor Rivail, que lançava a sua primeira obra espírita sob o pseudônimo de Allan Kardec, poderia considerá-la, também, uma obra *essencialmente pedagógica*, aquela *obra completa de pedagogia*, que planejara escrever desde os 24 anos (sonho, contudo, que não realizaria como docente),

---

[240] KARDEC, Allan. *O livro dos espíritos*. 1. ed. 2. imp. (Edição Histórica Bilíngue). Brasília: FEB. 2014. Epílogo.

[241] Id. Ibid.

como declara no *Plan proposé pour l'amélioration de l'éducation publique* (Plano proposto para a melhoria da educação pública), publicado em Paris em 1828, sob autoria de H. L. D. Rivail, "discípulo de Pestalozzi, diretor de escola da Academia de Paris, membro de diversas sociedades científicas".[242] Nesse texto pedagógico, escrito há quase dois séculos, justifica a sua intenção de escrever o projeto cultural dos seus ideais como educador: "É preciso uma disposição de detalhes própria a impedir todos os abusos e a evitar às crianças a ocasião de fazer o mal [...]".[243]

*

Posteriormente ao lançamento da 2ª edição de *O livro dos espíritos,* podemos deduzir que parte das inúmeras correspondências recebidas, em resposta ao apelo de Allan Kardec, constante do "Epílogo" supracitado, contemplou mensagens psicografadas pelos Espíritos, as quais foram inseridas na composição da segunda e da terceira obras da Codificação Espíritas, *O livro dos médiuns* e *O evangelho segundo o espiritismo*, publicadas em 1861 e 1864, respectivamente. Nessa última obra, por exemplo, Allan Kardec informa "receber comunicações de perto de mil centros espíritas sérios, disseminados pelos mais diversos pontos

---

[242] RIVAIL, Hippolyte Léon Denizard. *Textos pedagógicos*. São Paulo: Editora Comenius, 1998. p. 39.

[243] Id. Ibid., p. 38.

da Terra".[244] Em meticuloso trabalho de análise, ele seleciona 100 dessas mensagens, psicografadas por 57 autores espirituais, em 15 localidades, sendo uma em local não identificado, e vai introduzi-las nesse livro, como "Instruções dos Espíritos".

Inicialmente, Allan Kardec pensou em acrescentar, nessa 2ª edição, um *livro quinto* (*livre cinquième*), dedicado a diversas abordagens das manifestações dos Espíritos (*manifestation des Esprits*), o que não aconteceu. Essa intenção do Codificador pode ser constatada examinando-se a 1ª e rara edição francesa da obra *Qu'est-ce que le spiritisme*[245] (*O que é o espiritismo*), de sua autoria, publicada em julho de 1859, em Paris. Das páginas 97 a 100 dessa edição, o escritor e pesquisador Enrique Eliseo Baldovino identificou a divulgação de um sumário ou índice geral da montagem de como seria a futura 2ª edição de *O livro dos espíritos,*[246] no qual era anunciada a introdução dessa *parte quinta* para a próxima tiragem do livro básico, considerando-a um *elo perdido encontrado.*

Podemos imaginar que inúmeras motivações (conselho dos Espíritos ou por outras razões, segundo Baldovino), redirecionaram o projeto inicial, podendo-se também inferir que o *leitmotiv*

---

[244] KARDEC, Allan. *O evangelho segundo o espiritismo*. 131. ed. 16. imp. (Edição Histórica). Brasília: FEB, 2022. Introdução.

[245] Disponível em: https://books.google.com.br/books?id=rT9qsxgLGJIC&printsec=frontcover&source=gbs_ge_summary_r&hl=pt-BR#v=onepage&q&f=true. Acesso em: 21 mar. 2023.

[246] BALDOVINO, Enrique Eliseo. *O elo encontrado. In:* Revista Presença Espírita. jul./ago. 2011. p. 46.

dominante pode ter sido o grande volume de proposições e sugestões contidas nas correspondências e mensagens recebidas.

Certamente, o envio dessas comunicações espirituais, que fortaleceriam o entendimento de Allan Kardec acerca da importância da *universalidade do ensino dos Espíritos*, deve ter sido acompanhado por várias indagações e comentários dos seus *correspondentes* e *subscritores*, localizados na França e em outras partes do mundo, sobre a formulação de diretrizes para condução e aperfeiçoamento das faculdades mediúnicas, naqueles instantes fundamentais do advento de O Consolador.

Allan Kardec, então, deve ter considerado a importância de um compêndio/manual que orientasse os médiuns, em todo o mundo, naquele momento histórico e no futuro, no que se refere aos mecanismos da mediunidade, o relacionamento e intercâmbio seguro com os habitantes do mundo invisível e a obtenção de "comunicações espirituais sérias"[247], com características de conteúdo doutrinário útil e em consonância com os princípios básicos da Doutrina, máxime ao seu aspecto ético.

Surgiria assim, em 15 de janeiro de 1861, *O livro dos médiuns*, publicado por Didier, Libraires-Editeurs e Ledoyen, libraire, Galerie d'Orléans 31, Palais Royal. A 2ª edição definitiva dessa obra seria publicada em Paris, em novembro de 1861, com algumas alterações. Era oferecida como *Guia dos Médiuns e dos Evocadores*, contendo:

---

[247] KARDEC, Allan. *O livro dos médiuns*. 81. ed. 9. imp. (Edição Histórica). Brasília: FEB, 2020. pt. segunda, cap. 10, it. 136.

> Ensino especial dos Espíritos sobre a teoria de todos os gêneros de manifestações, os meios de comunicação com o mundo invisível, o desenvolvimento da mediunidade, as dificuldades e os tropeços que se podem encontrar na prática do Espiritismo, constituindo o seguimento de *O livro dos espíritos.*[248]

Para o soberbo empreendimento, Allan Kardec receberia o apoio de Espíritos de escol, especialistas no delicado e profundo tema da teoria e da prática da *mediunidade*, a exemplo de Erasto, o qual, segundo Allan Kardec, no capítulo 19, item 225, de *O livro dos médiuns*, "era um Espírito Superior, que se revelou mediante comunicações de ordem elevadíssima"; Samuel Hahnemann (1755-1843); Santo Agostinho (354-430); Joana d'Arc (412-1431), dentre outros.

Se as obras que compõem o *Pentateuco Espírita* podem ser consideradas *livros de cabeceira* dos espíritas, *O livro dos médiuns* pode ser visto e aceito como o *livro referencial* dos espíritas-médiuns, em atuação na mediunidade dinâmica ou ostensiva, ou mesmo em condição estática.

Ler. Estudar esse livro de ciência espírita é como realizar curso de formação e de especialização no vasto campo da fenomenologia mediúnica. Seguindo as suas sábias orientações, sempre atualíssimas, o candidato ao apostolado mediúnico

---

[248] KARDEC, Allan. *O livro dos médiuns.* 81. ed. 9. imp. (Edição Histórica). Brasília: FEB, 2020. Folha de rosto.

diplomar-se-á no exercício do compromisso, com segurança e consciente do seu papel e responsabilidade como *homem ou mulher médium,* sobretudo nesta fase de *transição planetária.*

Sobretudo, trilhará o mundo dominado pelo entusiasmo do *Homem de Tarso*: "Estou crucificado com Cristo, e já não vivo, mas Cristo vive em mim",[249] no autêntico exercício da mediunidade com Jesus.

---

[249] *Gálatas*, 2:20.

Allan Kardec

22

ALLAN KARDEC: A EPOPEIA DE UM MISSIONÁRIO

A ilustre visita do renomado pedagogo francês Hippolyte Rivail, discípulo do famoso educador suíço Johann Heinrich Pestalozzi, àquele grupo íntimo, onde ocorriam os fenômenos envolvendo as chamadas mesas *falantes* ou *girantes* daria um novo rumo àquelas experiências, realizadas na casa da médium Sr.ª Plainemaison, em Paris.

Alguns dos membros do grupo consideraram que era apenas uma visita de cortesia, para atender ao convite de um amigo. Mas, nos dias seguintes daquele ano de 1855, ao verem o professor retornar e iniciar conversações com os participantes, transmitindo-lhes as suas observações, um novo ânimo dominou a todos.

Circunspeto, quase sisudo, observador silencioso e metódico, Rivail obteve imediata simpatia dos assistentes. Tomando conhecimento que aquelas experimentações datavam de algum tempo e da existência de várias anotações das comunicações recebidas dos Espíritos, contidas em cerca de 50 cadernos,[250] registrou, no seu diário íntimo, que em todos

[250] THIESEN, Francisco. WANTUIL, Zêus. *Allan Kardec*: o educador e o codificador. 4. ed. 1. imp. Brasília: FEB, 2019. cap.1 – A fagulha da renovação, it 5.

aqueles fenômenos, dos quais muitas pessoas participavam como forma de passatempo, tinha visto algo de muito sério e, a partir daí, assume a liderança de outro grupo, da família Baudin, dando partida, dentro do meticuloso planejamento elaborado pelos Espíritos Superiores, à frente o *Espírito de Verdade*, à Codificação da Terceira Revelação, da construção de um corpo doutrinário que ele, Rivail, mais tarde, chamaria de Espiritismo, e cuja fundamentação filosófica consolidaria na magistral obra *O livro dos espíritos*, lançada em Paris, em 18 de abril de 1857.

Obtendo, em seguida, a revelação de sua missão na Terra, desdobra a obra básica, que era o núcleo fundamental, em mais quatro volumes, graças ao seu disciplinado esforço, surgindo, então, *O livro dos médiuns* (1861), *O evangelho segundo o espiritismo* (1864), *O céu e o inferno* (1865) e *A gênese* (1868). Escreveu outras obras, complementares ou de reforço, de apoio, a exemplo da *Revista Espírita*, editada durante onze anos e quatro meses, sob a sua orientação.

Tornou-se, assim, em face do seu carisma, de sua forte personalidade, do seu caráter diamantino e íntegro, no *Chefe do Espiritismo*, respeitadíssimo por todos os adeptos da novel Doutrina e mesmo pelos seus combatentes.

Os contraditores, sentindo-se ameaçados pela fortaleza de aço dos argumentos do Codificador, que defendia os postulados doutrinários amparado nos pilares da Ciência e da Filosofia, e da Moral do Cristo, tudo fizeram para desonrar seu nome, a vida pessoal e íntima, acusando-o de práticas esdrúxulas e comportamentos sociais inadequados. Tudo em vão. O mestre do Espiritismo manteve-se incólume aos ataques, vencendo os inimigos do Bem com destemor, com galhardia, com o silêncio do perdão fraternal.

Presidiu, desde a fundação em 1º de abril de 1858, até a sua desencarnação em 1869, a Sociedade Parisiense de Estudos Espíritas, núcleo primordial dos futuros Centros Espíritas. Incansável, fez várias viagens ao interior da França, levando sua palavra fraterna e sua autoridade na organização das Casas Espíritas pioneiras, sempre estimulando o estudo da Doutrina e a manutenção do movimento nascente através da união fraternal.

Ao renunciar a ser Hippolyte Léon Denizard Rivail, naquele inesquecível 18 de abril de 1857, demonstrou a sua imensa humildade, apagando o seu nome honrado dos registros da História para que brilhasse o de *Allan Kardec*, instrumento do Cristo para consolidação da sua promessa da vinda do Consolador.

Saudamo-lo, assim, mestre querido. Sua vida jamais será esquecida, exemplo para todos nós, seus discípulos.

23

UNIFICAÇÃO: A VISÃO DE ALLAN KARDEC

Excelente apostila elaborada pela FEB, para utilização nos cursos do Estudo Sistematizado da Doutrina Espírita (Esde), intitulada *Movimento Espírita*, destaca que:

> [...] não se pode falar em Movimento Espírita antes da Codificação, pois somente após esta, é que o Espiritismo surgiu como Doutrina: a movimentação humana em torno das ideias espíritas só aconteceu após a revelação destas pelo plano espiritual e sua posterior compilação por Allan Kardec.[251]

Realmente, a primeira etapa do trabalho iniciado por Allan Kardec em torno do Movimento Espírita, visando "levar esclarecimentos e apoio, observando as realidades e as necessidades desses primeiros grupos"[252] pode ser historicamente situada em 19 de setembro de 1860, quando, ainda vivendo o êxito do lançamento, em 18 de abril de 1857, de *O livro dos espíritos*, obra fundamental da Codificação, e mantendo sob preparo *O livro dos médiuns*, que viria a público em 15 de janeiro de 1861,

[251] *Apostila Movimento Espírita*. Brasília: FEB, 1996. p. 2 e 4.

[252] *REFORMADOR*. ano 109, n. 1.944, p. 80, mar. 1991.

o segundo tomo do conjunto que constituiria, mais tarde, o *Pentateuco Kardequiano*, Kardec é recebido no Centro Espírita de Broteaux, o único então existente em Lyon, cidade onde nascera em 3 de outubro de 1804. Recepcionam-no, na chegada, os dirigentes da Instituição: o chefe de oficinas Dijou e sua esposa. Declara Wallace Leal Rodrigues, no "prefácio do tradutor", na obra *Viagem espírita em 1862,* edição de O Clarim: "**é o primeiro encontro de dirigentes espíritas da história**".[253]

Posteriormente, Kardec realizaria outras viagens de propaganda espírita, diretriz que ele consolidaria como integrante do seu planejamento estratégico, tal como exarou nos seus registros íntimos os quais, mais tarde, representariam importante compilação do pensamento do mestre acerca da organização e da constituição do Espiritismo, documentos esses que foram inseridos na segunda parte do livro *Obras póstumas.* Ali, no capítulo "Projeto – 1868", encontram-se delineadas as suas metas de trabalho: a definição de um Estabelecimento Central; a arquitetura preliminar do Ensino Espírita como um "curso regular de Espiritismo"; a Publicidade, que "levaria ao mundo inteiro, até às localidades mais distantes, o conhecimento das ideias espíritas"[254] e as viagens, consagradas "aos diferentes Centros e a lhes imprimir boa direção".[255] Em 1862, Kardec consolida

[253] KARDEC, Allan. *Viagem Espírita em 1862.* 2. ed. Trad. Wallace Leal V. Rodrigues. Matão, SP: O Clarim, 1968. p. 7.

[254] KARDEC, Allan. *Obras póstumas.* 41. ed. 1. imp. Brasília: FEB, 2019. cap. Projeto – 1868.

[255] Id. Ibid.

a segunda etapa dessas viagens, autênticas investidas históricas em torno do trabalho de Unificação do Movimento Espírita nascente, e de união das sociedades e dos próprios espíritas.

Ainda em *Obras póstumas*, vamos encontrar a exposição de motivos apresentada por Kardec para justificar o documento Constituição do Espiritismo, onde ele declara: "A Doutrina é, sem dúvida, imperecível, porque repousa nas Leis da Natureza e porque, melhor do que qualquer outra, corresponde às legítimas aspirações dos homens".[256] Mas, sabia ele, também, que o novel Movimento Espírita, que se alastraria no futuro, como vem acontecendo, seria formado pelos homens e dependeria da compreensão, do idealismo, do desprendimento e da capacidade de fraternização e trabalho deles. No livro *A gênese*, quinta e última obra da Codificação, lançada em agosto de 1868, no capítulo 1, item 13, ele declararia: "Em suma, *o que caracteriza a revelação espírita é o ser divina a sua origem e da iniciativa dos Espíritos, sendo a sua elaboração fruto do trabalho do homem*".[257]

Encontramos, assim, nesses textos reunidos no livro *Obras póstumas* (o *testamento doutrinário* de Allan Kardec, segundo Herculano Pires), publicado em 1890, cuja preservação deve-se principalmente a Pierre-Gaëtan Leymarie e à Sr.ª Amélie Boudet, o pensamento de Allan Kardec acerca da

---

[256] KARDEC, Allan. *Obras póstumas*. 41. ed. 1. imp. Brasília: FEB, 2019. cap. Constituição do espiritismo.

[257] Id. *A gênese*. 1. ed. 1. imp. (Edição Histórica Bilíngue). Brasília: FEB, 2019. cap. 1 – Caracteres da revelação espírita.

organização e da expansão do Espiritismo,[258] que podemos configurar em três pontos primordiais:

1. A manutenção da unidade doutrinária.

> Um dos maiores obstáculos capazes de entravar a propagação da Doutrina seria a falta de unidade. O único meio de evitá-la, senão quanto ao presente, pelo menos quanto ao futuro, é formulá-la em todas as suas partes e até nos menores detalhes, com tanta precisão e clareza, que se torne impossível qualquer interpretação divergente.[259]

2. A união entre os espíritas para o equilíbrio do Movimento.

> [...] os centros que se acharem penetrados do verdadeiro espírito do Espiritismo deverão estender as mãos uns aos outros, fraternalmente, e unir-se para combater os inimigos comuns: a incredulidade e o fanatismo.[260]

3. O Espiritismo organizado.

> Os espíritas do mundo todo terão princípios comuns, que os ligarão à grande família pelo sagrado laço da fraternidade, mas cujas aplicações

[258] *REFORMADOR*, ano 112, n. 1.984, p. 195, jul. 1994.

[259] KARDEC, Allan. *Obras póstumas.* 41. ed. 1. imp. Brasília: FEB, 2019. cap. Projeto – 1868.

[260] Id. Ibid. Constituição do espiritismo.

> poderá variar de acordo com as regiões, sem que, por isso, a unidade fundamental se rompa [...].[261]

Mais tarde, no Brasil, a Federação Espírita Brasileira, fundada em 2 de janeiro 1884, publicaria importante e pioneiro documento, em 1º de novembro de 1904, intitulado *Bases da Organização Espírita*. Dentre várias proposições, a principal é a de criar, em todos os estados da União, um *órgão unificador*, comunicando-se com as demais instituições estaduais e com a FEB. A atribuição básica desse órgão seria a de manter a harmonia do Movimento Espírita, garantindo sua unidade e, em consequência, a expansão segura do Espiritismo.

Quarenta e cinco anos após, em 5 de outubro de 1949, outra iniciativa do Movimento Espírita Brasileiro viria renovar e fortalecer esses mesmos propósitos de "Bases da Organização Espírita", na Grande Conferência Espírita do Rio de Janeiro, quando foi selado o acordo que ficou conhecido como *Pacto Áureo*. A imediata propagação dos ideais da Unificação teve efeito em janeiro de 1950, com a instalação do *Conselho Federativo Nacional* e, em seguida, em outubro do mesmo ano, da *Caravana da Fraternidade*, cuja marcha teve início em Salvador (BA) e prosseguiu por outros estados brasileiros.

---

[261] KARDEC, Allan. *Obras póstumas*. 41. ed. 1. imp. Brasília: FEB, 2019. cap. Constituição do espiritismo.

Na Bahia, que tem nos seus anais o pioneirismo da instalação, em 17 de setembro de 1865, do *Grupo Familiar do Espiritismo*, primeiro Centro Espírita do Brasil, e do surgimento da imprensa espírita brasileira, em julho de 1869, com o jornal *O Echo d'Além-Túmulo*, ambos fundados por Luís Olímpio Teles de Menezes, os sinais preliminares das atividades unificadoras constam do estatuto da antiga União Espírita Baiana, desde 25 de dezembro de 1915, data de sua fundação, e que previa, no capítulo I:

> Constituir-se entre as associações espíritas do estado o laço de união e solidariedade, integrando-as ao mesmo tempo no movimento de organização espírita do Brasil e de todo o planeta, segundo o plano da Federação Espírita Brasileira.

Esses eram os primeiros momentos federativos vividos pelos espíritas baianos, confirmados, mais tarde, com o *Acordo de Unificação do Movimento Espírita*, aprovado em setembro de 1972, e assinado na sessão de encerramento do III Congresso Espírita Estadual, em 30 de outubro de 1972. Esses atos, culminariam, posteriormente, com a criação da Federação Espírita da Bahia, Feeb, em 11 de fevereiro de 1973. Desde 1915, portanto, é mais de um século de perseverantes investimentos no ideal *unificacionista*, sobretudo através do modelo do *federativismo*, que é "um fenômeno unificador e criativo, tendo como unidade-base o Centro Espírita".

Durante a realização do Congresso Espírita Mundial, realizado em Liège, Bélgica, no período de 2 a 5 de novembro de 1990, a Federação Espírita Brasileira teve oportunidade de apresentar "alguns apontamentos sobre as atividades de Unificação do Movimento Espírita no Brasil", documento que constou de *Reformador* de março de 1991. A partir desse relatório e da apostila acima citada, podemos fazer algumas distinções básicas:

DOUTRINA ESPÍRITA	MOVIMENTO ESPÍRITA
É o conjunto de princípios básicos codificados por Allan Kardec, que constituem o Espiritismo, obra dos Espíritos Superiores, cuja tarefa de sistematização coube a Allan Kardec, que executou a parte humana do trabalho.	É o conjunto de atividades desenvolvidas organizadamente pelos espíritas, para pôr em prática a Doutrina Espírita, através das instituições, dos encontros, congressos, palestras, livros etc.
O QUE CARATERIZA A DOUTRINA	**O QUE DEFINE O MOVIMENTO ESPÍRITA**
Os seus postulados fundamentais: a existência de Deus, a Lei da Reencarnação, a Lei de Causa e Efeito, a comunicabilidade dos Espíritos, a pluralidade dos mundos habitados, a Lei de Evolução etc. e suas características providencial, científica, universal, coletiva, progressiva, racional, doutrinária, informativa e consoladora.	A *Unificação*, que é uma *atividade-meio* que tem como objetivo fortalecer e facilitar a ação do Movimento Espírita na sua *atividade-fim* de promover o estudo, a difusão e a prática da Doutrina.

Há todo um secular *esforço heroico* em torno da Unificação do Movimento Espírita, que deve ser estudado e utilizado como paradigma por todos aqueles que laboram nas Casas Espíritas. Espíritos que se movimentaram em torno desse ideal, a exemplo de Bezerra de Menezes, José Petitinga, Manoel Philomeno de Miranda, Etienne Rocha e tantos outros, continuam a estimular e dinamizar renovadas ações em torno da consolidação do Movimento. Eles, por certo, conhecem a substância motivadora da antiga parábola das varas: *isoladas, podem ser facilmente destruídas, mas, ao se constituírem em feixe, tornam-se difíceis de serem quebradas.*

Ao escrever o item 6 das conclusões de *O livro dos espíritos* Kardec enfatiza que a força do Espiritismo "está na sua filosofia, no apelo que dirige à razão, ao bom senso".[262] E, concluindo, podemos perguntar: *onde está a força do Movimento Espírita?* Certamente está na união dos espíritas, consignada em oportuno e comovente apelo de Bezerra de Menezes através da psicofonia do médium Divaldo Franco, exarada em mensagem "União paulatina, união imediata, trabalho incessante...", publicada em *Reformador* de fevereiro de 1976:

> *Unificação, sim. União, também.*
>
> *Imprescindível que nos unifiquemos no ideal espírita, mas que, acima de tudo, nos unamos como irmãos.*

---

262 KARDEC, Allan. *O livro dos espíritos.* 93. ed. 9. imp. (Edição Histórica). Brasília: FEB. 2019. Conclusão.

24

O CONVITE DE ALLAN KARDEC

> [...] o *Espiritismo* é a alavanca de que Deus se utiliza para fazer que a Humanidade avance.[263]

> [...] Entre os chamados para o Espiritismo [...]. Reconhecê-los-eis pelos princípios de verdadeira caridade que eles ensinarão e praticarão.[264]

Os estudiosos do processo das mudanças organizacionais destacam que elas consistem na alteração de um estado de coisas, e que podem ser concretizadas em dois grandes segmentos:

- A mudança estrutural: que objetiva alterações de forma (normas, racionalização, organogramas) seja envolvendo uma Organização, uma Instituição, uma Doutrina, uma Escola Filosófica, uma Religião etc.;
- A mudança atitudinal: voltada para aprimorar e desenvolver atitudes e comportamentos dos indivíduos.

---

[263] KARDEC, Allan. *O evangelho segundo o espiritismo*. 131. ed. 16. imp. (Edição Histórica). Brasília: FEB, 2022. cap. 1 – Não vim destruir a lei.

[264] Id. Ibid. cap. 20 – Os trabalhadores da última hora.

Enfatizam, ainda, que elas podem ocorrer em três níveis:

- Mudança gradual: que ocorre de forma natural, paulatina e constante;
- Mudança abrupta: que ocorre de forma traumática, impactante e que, por isso, é de difícil absorção;
- Mudança planejada: que resulta de um trabalho prévio e consciente, e cujos efeitos podem ser controlados. Essa modalidade de mudança tende a ocorrer em ritmo mais acelerado que o das mudanças naturais. Contudo, não geram as repercussões negativas das mudanças abruptas.

Fazendo uma analogia com a tarefa de Allan Kardec, notamos que toda a sua iniciativa, todo o seu empenho, de 1855 até 1869, quando desencarnou, foi oferecer a estrutura do Corpo Doutrinário do Espiritismo, esforço esse que ficou conhecido como a etapa da Codificação, que teve a França como o país eleito pela Espiritualidade Superior para a grande missão de recepcionar e apresentar ao mundo o Espiritismo, no seu aspecto tríplice de Ciência, Filosofia e Religião.

Kardec, ao elaborar e lançar *O livro dos espíritos*, em 18 de abril de 1857, não imaginava as proporções que tomaria o conjunto do trabalho. Em janeiro de 1867, ele anota em seu diário íntimo (que mais tarde, em 1890, viria compor a segunda parte do livro *Obras póstumas:* previsões concernentes ao Espiritismo) que um único livro via, mas que na verdade ele era a cúpula de um grande edifício e de onde seriam geradas as demais obras do chamado *Pentateuco Kardequiano*. Outros (livros) "teriam de seguir-se e cuja publicação prematura apresentaria inconvenientes".[265]

É significativa a revelação que, em 12 de junho de 1856, o Espírito de Verdade faz a Kardec:

> a missão dos reformadores é prenhe de escolhos e perigos. Previno-te de que é rude a tua, porquanto se trata de abalar e transformar o mundo inteiro [...].[266]

Mais tarde, em 15 de abril de 1860, um Espírito assina uma mensagem, obtida na cidade de Marselha, onde revela que "o Espiritismo é chamado a desempenhar imenso papel na Terra":

> Ele reformará a legislação ainda tão frequentemente contrária às leis divinas; retificará os erros da História; restaurará a religião do Cristo [...] e instituirá a verdadeira religião, a religião natural; [...] Extinguirá para sempre o ateísmo e o materialismo [...].[267]

Não é pouca missão, convenhamos, e não é um processo de reforma localizada, voltada para um povo especial, ou para um momento na História, mas uma mudança profunda,

---

[265] KARDEC, Allan. *Obras póstumas.* 41. ed. 1. imp. Brasília: FEB, 2019. pt. segunda, cap. Extratos, *in extenso*, do livro..., it. A minha primeira iniciação no Espiritismo.

[266] Id. Ibid.

[267] Id. Ibid.

que não poderia ser feita de forma abrupta, mas exigiria um meticuloso planejamento.

Entendemos que Kardec concluiu com êxito a tarefa de elaborar os instrumentos que promoveriam a mudança estrutural, que abalariam as velhas concepções, os antigos dogmas e a concepção reducionista da Ciência acerca da natureza do homem.

O Mestre de Lyon sabia que a segunda fase da Terceira Revelação, que seria a *Movimentação*, adquiriria uma ação *descentralizadora*, diferente da primeira fase, que foi centralizada nele, em Paris, na Spee, por ele fundada em 1º de abril de 1858.

Mais tarde, em 1903, Léon Denis, que iniciaria uma fase preliminar em torno da Movimentação da Doutrina, no período que ficou conhecido como *Consolidação*, ao escrever o livro de sua autoria *No invisível*, declara, na introdução: "o Espiritismo será o que o fizeram os homens".

Em 10 de junho de 1860, diz o *Espírito de Verdade* a Kardec: "Não permanecerás longo tempo entre nós. Terás que volver à Terra para concluir a tua missão, que não podes terminar nesta existência".[268]

---

[268] KARDEC, Allan. *Obras póstumas.* 41. ed. 1. imp. Brasília: FEB, 2019. pt. segunda, cap. Extratos, *in extenso,* do livro..., it. A minha primeira iniciação no Espiritismo.

Em 31 de março de 1869 ele desencarnaria. Em maio de 1869, a *Revista Espírita*[269] publica um resumo de suas primeiras mensagens mediúnicas, obtidas em abril de 1869, extremamente significativas no apelo que ele faz. Kardec estava consciente que a Terceira Revelação havia concluído a primeira etapa e diz, através do médium, que uma *segunda fase* seria iniciada e propõe três diretrizes para se obter sucesso:

- A energia substituir a apatia;
- A calma substituir o ímpeto e
- Que todos se deixem guiar pela tolerância através da caridade, do amor e da afeição.

Em 30 de abril de 1869, ele volta a se comunicar e o teor do seu discurso, transmitido pelo médium, mantém o mesmo apelo: a prática da tolerância; da afeição; da simpatia (de uns para com os outros e também para com os incrédulos).[270]

Nessa comunicação, ele recomenda o meio eficaz de divulgar a Doutrina: brochuras, jornais, livros e publicações em geral. Mas insiste: o meio mais seguro, o mais íntimo e o mais acessível a todos é o exemplo da caridade, a doçura, e o amor. E declara que nada faz de mais, senão lembrar as palavras de Jesus. Realmente, a proposta do Amor e da União,

---

[269] KARDEC, Allan. *Revista Espírita*: jornal de estudos psicológicos. ano 12, n. 5, mai. 1869. Trad. Evandro Noleto Bezerra. 4. ed. 1. imp. Brasília: FEB, 2019. Dissertações espíritas.

[270] Id. Ibid. ano 12, n. 6, jun. 1869. Trad. Evandro Noleto Bezerra. 4. ed. 1. imp. Brasília: FEB, 2019. Dissertações espíritas.

como base para o sucesso de todos os empreendimentos humanos no campo do bem, tem suas raízes no Cristianismo, nas palavras do Cristo.

Conta-se que quando João, o evangelista, o apóstolo amado, estava bem idoso, seus discípulos sentavam-se em volta dele, todas as manhãs e ouviam um sermão sobre a vida e os ensinamentos de Cristo. Depois, lançavam-se à aventura de pregar o Evangelho. Cada dia, os jovens discípulos retiravam das palavras de João algum pensamento central; e cada dia, partiam em busca de adeptos, e construíam sua mensagem sobre o pensamento que haviam recebido de João. Ano após ano, espalhavam-se pelo mundo e viam o povo fiel multiplicar-se. Um dia, um grupo de discípulos novos e impacientes veio até João e perguntou: "Que verdade nos dareis agora para levar ao povo?" João ficou calado algum tempo, enquanto os jovens aguardavam. Depois disse: "Dizei ao povo isto: 'Filhos, amai-vos uns aos outros'". O desapontamento apareceu nas faces dos jovens discípulos e eles olhavam uns para os outros desiludidos e infelizes. "Por que pareceis desapontados?" – perguntou João, "Isto nós já dissemos antes ao povo" – observou um deles. "Já pregamos o amor uma e muitas vezes" – acrescentou outro. "Não podeis oferecer-nos alguma

> coisa nova?" – pediu um terceiro. João sacudiu a cabeça e disse: "Não, não posso". Agora e para sempre – "porque ela envelhecerá sem deixar de ser nova deveis transmitir aos homens a verdadeira mensagem de Jesus: "Filhos, amai-vos uns aos outros".[271]

Receberia o Brasil, no final do século XIX, a *Terceira Revelação* pronta e acabada para ser divulgada, dinamizada, objetivando a ação em torno das mudanças atitudinais, ou das reformas íntimas, de uma nova postura diante da vida, uma nova visão do homem e do mundo. O mundo todo passaria a ser uma grande Estrada de Damasco e o encontro do homem moderno com o Espiritismo o conduziria ao desafio da mudança do homem velho para um novo homem, consciente de sua imortalidade e de suas responsabilidades.

O papel do Brasil, assim, em nossa visão, é o grandioso e desafiador papel-missão da Unificação do Movimento Espírita, que é a atividade-meio para se atingir a atividade-fim que é a divulgação, o ensino, a propagação do Espiritismo.

Vivemos uma fase especial da consolidação do Movimento de Unificação.

Toda a mudança estrutural já foi realizada: temos os Centros Espíritas, as Federações Estaduais, o Sistema Federativo, conduzido com competência pela Federação Espírita

---

[271] Autor desconhecido.

Brasileira; as bases da organização espírita, a Imprensa Espírita. A estrutura, portanto, é excelente.

Falta-nos, então, aperfeiçoar as mudanças atitudinais, através:

- Da superação de conflitos;
- Do exercício da tolerância;
- Do autodescobrimento;
- Da formação dinâmica de lideranças e trabalhadores espíritas.

Todos os espíritas estão convocados para essa emergencial tarefa, proposta pelo Codificador, no final do século XIX.

25

OBRAS PÓSTUMAS, O "TESTAMENTO DOUTRINÁRIO" DE ALLAN KARDEC

> [...] precioso repositório de ensinamentos, do qual sempre emergirão novos e até então desconhecidos horizontes de esclarecimento doutrinário e de orientação para o Movimento Espírita.
>
> (Zêus Wantuil – *Reformador* – janeiro de 1990.)[272]

Dentre várias providências adotadas pelos sucessores de Allan Kardec, após a sua súbita desencarnação na manhã de 31 de março de 1869, uma delas foi a continuidade da publicação da *Revue Spirite:* Journal D'Études Psychologiques (*Revista Espírita*: Jornal de Estudos Psicológicos), por ele iniciada, em Paris, a partir de janeiro de 1858, e mantida sob a sua imediata direção, de forma ininterrupta, durante doze anos e quatro meses. Ao romperem-se os seus laços com o mundo físico, deixara ele o exemplar de abril de 1869 pronto para ser impresso e divulgado.

Compulsando-se, portanto, o tomo do ano XII – 1869, mês de junho, encontraremos na página inicial um aviso "Aos Assinantes da *Revista*", com o seguinte teor:

[272] *REFORMADOR*. ano 108, n. 1.930, p. 7, jan. 1990.

> Até hoje a *Revista Espírita* foi essencialmente obra e criação do Sr. Allan Kardec, como aliás todas as obras doutrinárias que ele publicou.
>
> Quando a morte o surpreendeu, a multiplicidade de suas ocupações e a nova fase em que entrava o Espiritismo o faziam desejar a companhia de alguns colaboradores convictos, a fim de que, sob a sua direção, executassem trabalhos aos quais já não podia bastar-se sozinho.
>
> Procuraremos não nos afastar da via que ele nos traçou, mas, pareceu-nos de nosso dever consagrar aos trabalhos do mestre, sob o título de *Obras póstumas*, algumas páginas que ele guardou para si, se tivesse permanecido corporalmente entre nós. A abundância de documentos acumulados em seu gabinete de trabalho nos permitirá, durante muitos anos, publicar em cada número, além das instruções que houve por bem nos dar como Espírito, um desses interessantes artigos, que sabia tão bem tornar compreensíveis a todos.[273]

Dando continuidade a esse planejamento, a *Revista Espírita* publicou, com o indicativo de *obras póstumas*, artigos de autoria de Allan Kardec a partir dos exemplares dos meses de junho a dezembro de 1869.

---

[273] KARDEC, Allan. *Revista Espírita*: jornal de estudos psicológicos. ano 12, n. 6, jun. 1869. Trad. Evandro Noleto Bezerra. 4. ed. 1. imp. Brasília: FEB, 2019. Aos assinantes da *Revista*.

Vinte anos depois, em 1889, nos números de 15 de junho e 17 de julho, os editores da *Revue* comunicam aos leitores que os documentos póstumos de Allan Kardec seriam publicados em forma de livro, com o título, em francês, *Oeuvres posthumes*. Em 17 de outubro, outra nota informa que a obra estava no prelo. Contudo, o lançamento seria retardado em decorrência de uma epidemia de gripe que grassava em Paris naquele ano de 1889. Somente em abril de 1890, o exemplar da *Revue* destaca no catálogo *Ouvrages novellement parus* (Obras recentemente surgidas) as "*Oeuvres posthumes* de Allan Kardec, ao preço de 3fr.50, informação essa repetida, algumas vezes, no decorrer do ano. A segunda edição francesa foi publicada, também, em 1890, e, a exemplo da primeira, editorada sob os auspícios da *Société de Librairie Spirite*.[274]

A organização dos manuscritos inéditos, guardados por Allan Kardec no interior de sua residência,[275] sobre variados assuntos, foi realizada por Pierre-Gaëtan Leymarie, nascido em Tulle, França, a 2 de maio de 1827, filho de distinta família. Tomando conhecimento dos fenômenos paranormais que ocorriam em Paris e no mundo, ele interessa-se em estudá-los, aproximando-se de Allan Kardec quando o Codificador inicia a publicação da *Revue*, tornando-se um dos seus mais ardentes

---

[274] *REFORMADOR*. ano 108, n. 1.930, p. 7, jan. 1990.

[275] KARDEC, Allan. *Obras póstumas*. 2. ed. 7. imp. Brasília: FEB, 2022. Nota de esclarecimento.

discípulos.[276] Após a desencarnação de Kardec passa a ser um dos primeiros membros[277] da Sociedade Anônima sem fins lucrativos e do capital variável da Caixa Geral e Central do Espiritismo, criada consoante ato de três de julho de 1869, idealizada pela Sr.ª Allan Kardec, e formada com o concurso de mais seis outros espíritas. No ato constitutivo a descrição do objetivo da nova Sociedade: *"[...] Tornar conhecido o Espiritismo por todos os meios autorizados pelas leis"*.[278] Exerceu Leymarie, também, os cargos de redator-chefe e diretor da *Revue Spirite,* desencarnando em 10 de abril de 1901.[279]

Em agosto de 1890, a revista *Reformador*, destaca ter a FEB, recebido de Paris, exemplar de *Oeuvres posthumes*. Dr. Adolfo Bezerra de Menezes (1831-1900), então vice-presidente da FEB, traduziu a obra ao vernáculo, utilizando o pseudônimo de Max, tendo sido divulgada em fascículos a partir de janeiro de 1891. Sob a forma de livro, a primeira edição foi publicada em 1892, também com tradução de Max. A segunda edição, revisada e em nova composição, seria dada a público em 1900. Posteriormente, nova tradução para o português foi realizada pelo Dr. Guillon Ribeiro[280] e, nos dias atuais, desde

---

[276] THIESEN, Francisco. WANTUIL, Zêus. *Allan Kardec*: o educador e o codificador. 4. ed. 1. imp. Brasília: FEB, 2019.

[277] MALGRAS, J. *Os pioneiros do espiritismo*. 1. ed. São Paulo: DPL, 2002. p. 78.

[278] PUGLIESE, Adilton. *Nobres verdades espíritas*. 1. ed. Salvador: CEDLV, 2012. p. 163.

[279] MALGRAS, J. *Os pioneiros do espiritismo*. 1. ed. São Paulo: DPL, 2002. p. 81.

[280] *REFORMADOR*. ano 108, n. 1.930, p. 8, jan. 1990.

agosto de 2009, o livro é oferecido pela FEB com tradução de Evandro Noleto Bezerra.

Consoante, destaca a Editora da FEB: *Obras póstumas* "reúne importantes registros deixados por Allan Kardec e se divide em duas partes". Apresenta, logo no começo, biografia do Codificador, onde o autor destaca que Allan Kardec é imortal, e a sua memória, seus trabalhos, seu Espírito estarão sempre com os que empunharem com força e vigor a bandeira que ele soube sempre fazer respeitada".[281] O emocionante discurso pronunciado pelo astrônomo Camille Flammarion (1842-1925), quando do sepultamento de Allan Kardec, chamando-o de "bom senso encarnado", vem em seguida.

A primeira parte aborda assuntos como profissão de fé espirita raciocinada, caráter e consequências religiosas das manifestações dos Espíritos; estudo sobre a natureza do Cristo; influência perniciosa das ideias materialistas; as expiações coletivas; o egoísmo e o orgulho; liberdade, igualdade, fraternidade; a música celeste; a música espírita; as cinco alternativas da Humanidade; a vida futura, a morte espiritual etc.

A segunda parte, intitulada *Previsões Concernentes ao Espiritismo* – e que permaneceu inédita durante 22 anos, desde a publicação de *A gênese*, última obra de Allan Kardec, que encerra a Codificação –, contém anotações acerca da iniciação espírita de Allan Kardec; sua missão na Terra; mensagens do

---

[281] KARDEC, Allan. *Obras póstumas*. 2. ed. 7. imp. Brasília: FEB, 2022. Quarta capa.

Espírito de Verdade e de outras entidades; narrativa sobre o auto de fé de Barcelona, em 1861; o roteiro missionário do Codificador, assim como uma "exposição de motivos" apresentada na "Constituição do Espiritismo" *como legado do mestre lionês às sociedades espíritas do futuro.*

Herculano Pires considera "*Obras póstumas*, o Testamento Doutrinário de Allan Kardec, porque reúne os seus derradeiros escritos e as anotações íntimas, destinadas a servir mais tarde para elaboração da História do Espiritismo, que ele não pôde realizar".[282] Colhemos outros depoimentos:

> O conteúdo geral da obra é bastante esclarecedor a respeito do ponto de vista do Codificador acerca de variados temas de ordem filosófica, moral e religiosa.[283]
>
> Em muitas de suas páginas encontram os espíritas estudiosos da Doutrina as explicações, os desdobramentos e os ensaios sobre diversos assuntos constantes do corpo doutrinário, desenvolvidos pelo Codificador. O pensamento de Kardec é aclarado pelo que deixou escrito e não teve tempo ou oportunidade de publicar, como era seu propósito.[284]

---

282 KARDEC, Allan. *Obras póstumas.* 2. ed. São Paulo: Lake, 1979. p. 11.

283 KARDEC, Allan. *Obras póstumas.* Compilação de Cláudio Damasceno. Ed. Besouro Lux.

284 *REFORMADOR.* ano 108, n. 1.930, p. 9, jan. 1990.

26

ALLAN KARDEC E O CÉU E O INFERNO

O título desta obra indica claramente o seu objetivo. Nela reunimos todos os elementos destinados a esclarecer o homem quanto ao seu destino.[285]

Em 15 de abril de 1860, um médium citado por Allan Kardec como Sr. Georges Genouillat, recebeu pela escrita psicográfica, na cidade de Marselha (França), mensagem de autoria de *Um Espírito*, intitulada *Futuro do Espiritismo*. A comunicação foi encaminhada ao Codificador, conforme suas anotações pessoais no manuscrito por ele composto e integrantes do livro das *Previsões Concernentes ao espiritismo*, por um senhor chamado Brion Dorgeval.[286] No texto, a entidade comunicante enfatiza que "O Espiritismo é chamado a desempenhar imenso papel na Terra" e que "Ele reformará a legislação ainda tão frequente contrária às Leis Divinas; retificará os erros da História; restaurará a religião do Cristo".[287]

---

[285] KARDEC, Allan. *O céu e o inferno*. 2. ed. 2. imp. Brasília: FEB, 2019. Prefácio.

[286] Id. *Obras póstumas*. 41. ed. 1. imp. Brasília: FEB, 2019. pt. segunda, cap. Extratos, *in extenso*, do livro..., it. Futuro do espiritismo.

[287] Id. Ibid.

Esse prognóstico da missão do Espiritismo, cujos ensinamentos, transmitidos pelos Espíritos, iluminam e possibilitam a genuína interpretação das Leis de Deus, daí a sua *substância* reveladora, começou a ser consolidado a partir do lançamento de *O livro dos espíritos,* por Allan Kardec, no mês de abril de 1857, máxime com o conteúdo de sua parte terceira, *Das Leis Morais*.

Posteriormente, a terceira obra da Codificação espírita, *O evangelho segundo o espiritismo*, originalmente publicada em outro mês de abril, no ano de 1864, sob o título *Imitação do evangelho segundo o espiritismo*, teria a iniciativa de sua elaboração saudada, entusiasticamente, pelos Espíritos que orientavam Allan Kardec, em reunião realizada a 9 de agosto de 1863, atuando como médium o Sr. d'A..., os quais lhe afirmam:

> Esse livro da doutrina terá considerável influência, pois que explanas questões capitais, e não só o mundo religioso encontrará nele as máximas que lhe são necessárias, como também a vida prática das nações haurirá dele instruções excelentes.[288]

Os Espíritos enfatizam, ainda, a importância de o novo livro abordar temática acerca das penas eternas e, também, *outros pontos* sobre os quais tradições e instituições religiosas exerciam influência dogmática em adeptos e incrédulos.

Depreende-se, assim, que o Espiritismo além de ser "o conjunto de princípios e leis revelados pelos Espíritos

---

[288] KARDEC, Allan. *Obras póstumas*. 41. ed. 1. imp. Brasília: FEB, 2019. pt. segunda, cap. Extratos, *in extenso*, do livro..., it. Imitação do evangelho.

Superiores"; de ser uma "*ciência que trata da natureza, origem e destino dos Espíritos, bem como de suas relações com o mundo corporal*"[289], veio ao mundo para "revelar conceitos novos e mais aprofundados a respeito de Deus, do Universo, dos Homens, dos Espíritos e das Leis que regem a vida".[290]

Pode-se afirmar, sem embargo, que vários *problemas teológicos*, os quais, durante séculos, vinham e ainda vêm sendo mantidos inquestionáveis pelo tradicionalismo e pelo fundamentalismo religiosos, e atribuídos como *mistérios* do Criador, considerados e respeitados como resultado de sua vontade insondável, mereceram a atenção especial e inspirada de Allan Kardec, naquela fase *intermediária* da consolidação do advento de *O Consolador*, que é o Espiritismo.

Então, naquele instante histórico, o mestre de Lyon, doutor que era em Pedagogia, e envolvido, como sempre esteve, pelo amor de Jesus; conhecendo a profundidade e essência do *Direito Messiânico* do inesquecível Nazareno, especialista na prática de exercícios de *hermenêutica jurídica* (*Mateus*, 5:20 e 38 a 44), ou seja, da correta interpretação dos textos da *Torá*, a Bíblia judaica, concebe e estrutura a quarta obra, por ordem cronológica, da Codificação Espírita, a qual recebe a denominação original de *O céu e o inferno ou a justiça divina segundo o espiritismo,* publicada em agosto de 1865, em Paris, contendo:

---

[289] KARDEC, Allan. *O que é o espiritismo*. 56. ed. 1. imp. Brasília: FEB, 2013. Preâmbulo.

[290] Folheto da FEB: *Conheça o Espiritismo*.

> Exame comparado das doutrinas sobre a passagem da vida corporal à vida espiritual, sobre as penalidades e recompensas futuras, sobre os anjos e os demônios, sobre as penas eternas etc., seguido de numerosos exemplos acerca da situação real da alma durante e depois da morte.[291]

Deolindo Amorim (1906-1984) declara que *O céu e o inferno* tem "Imediata relações com *O livro dos espíritos*, porque trata especificamente da vida futura e das questões atinentes à justiça divina", enfatizando, ainda, que é o livro em que se discutem os problemas teológicos à luz da Doutrina Espírita.[292] Nessa obra, portanto, Allan Kardec examina as questões que envolvem céu, inferno, purgatório, paraíso, anjos, demônios, penas eternas etc., e têm suas concepções definidas pela Teologia.[293]

Na primeira parte, desenvolvendo lúcidos e instrutivos comentários a respeito do Porvir e do Nada, o Codificador afirma:

> Todas as religiões admitiram igualmente o princípio da felicidade ou infelicidade da alma após a morte, ou, por outra, as penas e gozos futuros,

---

[291] KARDEC, Allan. *O céu e o inferno*. Trad. Manuel Quintão. 61. ed. 5. imp. (Edição Histórica). Brasília: FEB, 2018. Folha de rosto.

[292] AMORIM, Deolindo. *Cadernos doutrinários*. 1. ed. Salvador: Círculo Espírita da Oração. p. 128.

[293] Estudo de Deus e das questões religiosas baseado nos textos sagrados, nos dogmas e na tradição. *Dicionário da Academia Brasileira de Letras*. 2. ed. Companhia Editora Nacional.

> que se resumem na doutrina do Céu e do Inferno encontrada em toda parte. [...]
>
> O Espiritismo dá coisa melhor: eis por que é acolhido pressurosamente por todos os atormentados da dúvida, os que não encontram nem nas crenças nem nas filosofias vulgares o que procuram. O Espiritismo tem por si a lógica do raciocínio e a sanção dos fatos, e é por isso que inutilmente o têm combatido.[294]

Em seguida, apresenta com propriedade as causas do temor da morte, que tanto atormenta o ser humano; enfatiza "por que os espíritas não temem a morte",[295] elucidando que "A Doutrina Espírita transforma completamente a perspectiva do futuro. A vida futura deixa de ser uma hipótese para ser realidade".[296] O espírita encara a sua aproximação da morte "a sangue-frio, como quem aguarda a libertação pela porta da vida, e não do nada". [297]

"Afinal, para onde vai a alma? Qual o nosso destino após a morte?" indaga Deolindo Amorim em sua obra *Cadernos doutrinários*:

> O céu, o estado nirvânico, o inferno, o purgatório, a beatitude indefinida, o nada absoluto dos

---

[294] KARDEC, Allan. *O céu e o inferno*. Trad. Manuel Quintão. 61. ed. 5. imp. (Edição Histórica). Brasília: FEB, 2018. pt. primeira, cap. 1 – O porvir e o nada.

[295] Id. ibid. pt. primeira, cap. II.

[296] Id. Ibid.

[297] Id. Ibid.

> materialistas radicais? Tudo isso sempre causou preocupação ao homem, em todos os tempos. Os teólogos e os filósofos escreveram muito, mas não deram uma resposta satisfatória ao problema.[298]

No outono de 1965, quatro rapazes do Seminário Teológico de Chicago bateram à porta do consultório de uma jovem doutora, suíça de nascimento, graduada em Medicina na conceituada Universidade de Zurique, onde nascera, e também formada em Psiquiatria. Desde a década de 1960, ela se encontrava nos Estados Unidos, para onde emigrara com o marido, o Dr. Emmanuel Ross. Em 1963, já ocupava cargo na cátedra de Psiquiatria da cidade de Denver, no Colorado.

Os quatro jovens dizem então à Dr.ª Elisabeth Kübler-Ross (1926-2004), que estavam fazendo pesquisas para um ensaio cuja tese era que a morte seria a suprema crise com a qual as pessoas precisavam lidar. Durante a conversa, os estudantes admitiram que se sentiam confusos e incapazes de saber o que diriam às pessoas que lhes fizessem perguntas sobre a morte e o processo de morrer. Nenhum deles jamais falara com uma pessoa agonizante ou vira um cadáver.[299]

Aquele encontro ficaria histórico, porque os seminaristas estavam dando o primeiro impulso para que a famosa psiquiatra viesse a desenvolver o seu reconhecido mundialmente trabalho sobre a morte e o morrer.

---

[298] AMORIM, Deolindo. *Cadernos doutrinários.* 1. ed. Salvador: Círculo Espírita da Oração. p. 128.

[299] KÜBLER-ROSS, Elisabeth. *A roda da vida.* Rio de Janeiro: Sextante, 1998. p. 151.

Mais tarde, depois de vários seminários e inúmeras entrevistas (até 1990 ela já havia entrevistado mais de 20 mil enfermos desenganados e falado com milhares de *ressuscitados*, pessoas clinicamente mortas às quais se conseguiu reanimar e que vivenciaram o fenômeno de EQM – Experiência de Quase-Morte),[300] ela publica, em 1970, sua famosa obra *Sobre a morte e o morrer, o seu livro mais impactante e renovador.*

Sua tese, nesse livro, é que "a morte não é para ser ignorada dentro de uma silenciosa cumplicidade, mas encarada olho no olho, mesmo porque tinha muito a ensinar a todos".[301]

Em 1965, pela primeira vez, diante de um grupo de estudantes, ela entrevista um paciente terminal, algo impensável para a época.[302]

Cem anos antes daquele outono de 1965, do encontro dos seminaristas com a Dr.ª Kübler-Ross, e de suas famosas entrevistas, era lançado em Paris, exatamente no dia 1º de agosto de 1865, *O céu e o inferno ou A justiça divina segundo o espiritismo.* Na segunda parte dessa obra, Allan Kardec publica o resultado de suas pesquisas psicológicas sobre o fenômeno da morte, apresentando 65 depoimentos de Espíritos em sete situações espirituais diferentes: 17 Espíritos felizes; seis Espíritos em condições medianas; nove Espíritos sofredores; nove suicidas; cinco criminosos arrependidos; cinco Espíritos endurecidos e

---

[300] *Correio Didier*, nov. e dez. 1997.

[301] MIRANDA, Hermínio C. *A reinvenção da morte*, 1. ed. São Paulo: Lachâtre, p. 102.

[302] Ib. Ibid. p. 101.

14 expiações terrestres. Há, ainda, duas mensagens de esclarecimento de um orientador espiritual que assina *Georges.*

Todos os comunicantes foram entrevistados por meio do intercâmbio mediúnico, utilizando o Codificador vários médiuns, realizando as reuniões, em sua maioria, na sede da Spee, em Paris.

Pode-se dizer que, em 1865, Allan Kardec entrevistou "as almas dos mortos" que voltavam para narrar o seu estado moral e consciencial no Mundo dos Espíritos e, cem anos depois, em 1965, a Dr.ª Kübler-Ross entrevistou os que "voltavam da morte", relatando suas inesquecíveis "experiências de quase-morte", operando-se neles, a partir do fenômeno, radical mudança em suas atitudes perante a vida e as pessoas, amigos e familiares.

Herculano Pires declara que *O céu e o inferno* é um verdadeiro manual de psicologia da morte, um estudo científico da situação dos Espíritos no Plano Espiritual, chegando, com antecedência de mais de um século, a esta conclusão que as ciências atuais também chegaram, com a mesma tranquilidade de Sócrates, a conclusão de Victor Hugo, ao dizer que "Morrer não é morrer, mas apenas mudar-se"[303] e da Dr.ª Ross ao declarar que: "A morte não é o fim da vida senão uma transição para outra vida".[304]

---

[303] PIRES, Herculano. *Educação para a morte.* 1. ed. Santo André, SP: Correio Fraterno do ABC, 1984.

[304] KÜBLER-ROSS, Elisabeth. *A roda da vida.* Rio de Janeiro: Sextante, 1998.

27

DESAFIOS DOS SUCESSORES DE ALLAN KARDEC: RELEMBRANDO "O PROCESSO DOS ESPÍRITAS"

> Nas lutas que precisou sustentar, [...] ele [O Espiritismo] nunca usou de represálias com os seus adversários, nem respondeu com injúrias às injúrias.[305]

O Espírito Bezerra de Menezes, no livro *Compromissos iluminativos*, psicografado pelo médium Divaldo Franco (1927), destaca que "periodicamente, na Terra, a mediunidade padece de rude perseguição, com que as forças representativas da Treva e da Ignorância pretendem silenciar o intercâmbio com a vida além das fronteiras carnais" e que

> Graças à Revelação Espírita, no seu nobre compromisso de Consolador, surgiu a metodologia para o labor mediúnico que, convenientemente aplicada, resguarda dos perigos a que se

---

[305] KARDEC, Allan. *Obras póstumas.* 41. ed. 1. imp. Brasília: FEB, 2019. pt. primeira, cap. Ligeira resposta aos detratores do espiritismo.

> expunham, no pretérito, os portadores desse abençoado instrumento de caridade e luz, propiciando-lhes saúde, discernimento e paz.[306]

Observando-se a ação de homens e mulheres que dinamizaram a mediunidade no perpassar da História, podem ser identificadas atitudes de incompreensões movidas contra os portadores de faculdades paranormais, médiuns e sensitivos, rotulados, no passado, de feiticeiros, quiromantes, adivinhos, prestidigitadores e outras denominações, muitas vezes com intenção pejorativa. Eram julgados, condenados em praça pública e em tribunais do judiciário vigente, influenciados, muitas vezes, por dogmas religiosos; e sentenciados a severas punições e até à morte.

Neste contexto, na galeria dos que exerceram a mediunidade gloriosa e sacrificial, o vulto de Joana d'Arc, *la Pucelle,* se notabiliza na França do século XV, perseguida, encarcerada e sacrificada por seus algozes, no curso do processo de sua condenação movida pela chamada Santa Inquisição. Pode-se afirmar que eles temiam as faculdades paranormais, que não entendiam, daquela menina de 19 anos; temiam a mediunidade de que era portadora. A donzela paranormal de Domrémy ouvia vozes dos Espíritos desde os 12 anos, que a orientavam a libertar a França devastada pela invasão inglesa durante a Guerra dos Cem Anos.[307]

Mais de quatro séculos depois, em 1857, um discípulo fiel de Jesus, Allan Kardec, consolidaria o cumprimento de sua

---

[306] FRANCO, Divaldo P. *Compromissos iluminativos.* Pelo Espírito Bezerra de Menezes. 1. ed. Salvador: Leal, 2001. p. 17-18.

[307] DENIS, Léon. *Joana d'Arc, médium.* Brasília: FEB.

promessa da vinda do Consolador, coordenando os ditados transmitidos pelos Espíritos e oferecendo à Humanidade a Doutrina Espirita. A ação dos Espíritos reveladores do Espiritismo seria facilitada e possibilitada pelo exercício da mediunidade, naquele alvorecer de uma Nova Era, por parte das *meninas médiuns*, *pucelles* modernas: Caroline e Julie Baudin, Ermance Dufaux, Aline Carlotti, Rute Japhet e por aquelas que deram início à "fagulha da renovação", as irmãs Fox, em Hydesville, em 1848, nos Estados Unidos.

Intolerâncias e perseguições, contudo, foram mobilizadas contra a novel doutrina e seus adeptos, ressuscitando antigos atos inquisitoriais do passado. Em 12 de junho de 1856, em momento especialíssimo na vida do professor Rivail, o Espírito de Verdade adverte-o:

> [...] a missão dos reformadores é prenhe de escolhos e perigos. Previno-te de que é rude a tua, porquanto se trata de abalar e transformar o mundo inteiro. [...] Suscitarás contra ti ódios terríveis; inimigos encarniçados se conjurarão para a tua perda; ver-te-ás a braços com a malevolência, com a calúnia, com a traição mesma dos que te parecerão os mais dedicados [...].[308]

Henri Sausse, biógrafo do Codificador do Espiritismo, refere-se aos comentários feitos por íntimo amigo de Allan Kardec, Pierre-Gaëtan Leymarie, declarando que as "cartas anônimas, as traições, os insultos e a difamação sistemática

---

[308] KARDEC, Allan. *Obras póstumas*. 41. ed. 1. imp. Brasília: FEB, 2019. pt. segunda, cap. Extratos, *in extenso*, do livro..., it. Minha missão.

sempre acompanharam esse laborioso gênio benfeitor, abrindo nele [Kardec], moralmente, feridas incuráveis [...]".[309]

A História tem demonstrado que as perseguições da intolerância atingem não apenas os líderes de movimentos libertários que promovem a igualdade, a liberdade e a fraternidade, mas, igualmente, os seus liderados e simpatizantes. Exemplificamos com o movimento libertador do Cristianismo, da vida de Jesus e dos apóstolos, de João Batista, Estêvão e Paulo de Tarso. Portanto, com o Espiritismo, que revive o código ético do Rabi da Galileia não poderia ser diferente.

Após a desencarnação de Allan Kardec, em 31 de março de 1869, em Paris, mobilizaram-se os seus sucessores para manter acesa a chama do ideal do Espiritismo, de suas propostas morais transformadoras do caráter do ser humano e da construção do Reino de Deus e do homem de bem na Terra. Todos se movimentariam em torno de novas diretrizes e metas de trabalho, reunindo-se no núcleo de divulgação e de coordenação administrativa: a Spee, fundada por Allan Kardec em abril de 1858. Novos dirigentes assumem a gestão da Causa. O Sr. Malet, a presidência da Spee, substituindo Allan Kardec. Em agosto de 1869, a *Revista Espírita* informa sobre a constituição da Sociedade Anônima sem fins lucrativos e de capital variável da Caixa Geral e Central do Espiritismo, consoante ato de 3 de julho de 1869, idealizada pela Sr.ª Allan Kardec, e formada com o concurso de mais seis outros espíritas. No ato constitutivo, a

[309] THIESEN, Francisco. WANTUIL, Zêus. *Allan Kardec*: o educador e o codificador. 4. ed. 1. imp. Brasília: FEB, 2019. cap. 3 – Missão cumprida; solenes despedidas; depois de Allan Kardec.

descrição do objetivo da nova Sociedade: "tornar conhecido o Espiritismo por todos os meios autorizados pelas leis".[310]

Quando Allan Kardec iniciou a publicação da *Revista Espírita* e de suas obras e deu começo às suas sessões de estudos e experimentações passou a contar, entre os seus mais ardentes discípulos, com a participação de três jovens, cujos destinos seriam dessemelhantes, mas iguais no devotamento, na fidelidade e nos serviços prestados à Doutrina: Camille Flammarion, Victorien Sardou e Pierre-Gaëtan Leymarie.[311]

Dois anos depois da desencarnação de Allan Kardec, Leymarie foi nomeado administrador da Sociedade Anônima do Espiritismo e, ao mesmo tempo, redator-chefe e diretor da *Revue Spirite*, mantendo-se fiel à divisa do mestre de Lyon: "Fora da caridade não há salvação" e "procurou subtrair de todas as discussões os atritos pessoais e todas as questões irritantes".[312]

Os inimigos da Causa do Cristo, porém, em todos os tempos, sempre estiveram à espreita, já que não desejam a concretização do seu ideal e meta fundamental do seu apostolado, que é a implantação do Reino de Deus no orbe terrestre.

Allan Kardec, ao escrever na edição da *Revue Spirite*, de dezembro de 1863, acerca dos seis períodos da trajetória do Espiritismo, destaca o *Período da Luta*, que seria caracterizado

---

[310] KARDEC, Allan. *Revista Espírita*: jornal de estudos psicológicos. ano 12, n. 5, mai. 1869. Trad. Evandro Noleto Bezerra. 4. ed. 1. imp. Brasília: FEB, 2019. Aos espíritas.

[311] LEYMARIE, Madame P.-G., *Procès des spirites*. 1. ed. Brasília: FEB, 1976. p. 22.

[312] Id. Ibid. p. 22-23.

por uma verdadeira cruzada dirigida contra a nova doutrina, iniciada desde o seu advento pelos "sarcasmos da incredulidade"[313] e que teriam o seu "batismo de fogo"[314] com o *auto de fé de 1861;* a partir de então, os ataques assumiriam um caráter de violência inaudita: "[...] sermões furibundos, pastorais, anátemas, excomunhões, perseguições individuais, livros, brochuras, artigos de jornais, onde nada foi poupado, nem mesmo a calúnia"[315]. E adverte: "Estamos, pois, em pleno período de luta, mas este não terminou. Vendo a inutilidade dos ataques a céu aberto, vão ensaiar a guerra subterrânea [...]". E conclama: "Espíritas, não vos inquieteis [...]; a luta é necessária e o triunfo será mais retumbante. Disse e repito: vejo o fim, sei como e quando será alcançado [...]".[316]

Realmente, na data célebre de 9 de outubro de 1861, os opositores tentariam um "golpe de misericórdia"[317] no Espiritismo, insuflando mentes presas ao pensamento medieval a queimarem em praça pública, em Barcelona, na Espanha, cerca de "trezentos volumes"[318] e brochuras sobre o Espiritismo, muitos da autoria de Allan Kardec e por ele expedidos àquele país,

---

313 KARDEC, Allan. *Revista Espírita*: jornal de estudos psicológicos. ano 6, n. 12, dez. 1863. Trad. Evandro Noleto Bezerra. 4. ed. 1. imp. Brasília: FEB, 2019. Período de luta.

314 Id. Ibid.

315 Id. Ibid.

316 Id. Ibid.

317 Id. Ibid. ano 9. n. 9. fev. 1866. 3. ed. 1. imp. Brasília: FEB, 2019. it. Novo e definitivo enterro do espiritismo.

318 Id. Ibid. ano 4. n. 8. ago. 1862. Trad. Evandro Noleto Bezerra. 4. ed. 1. imp. Brasília: FEB, 2022. Necrologia.

ocorrendo, então, um *auto de fé*[319] sob os auspícios do bispo Dom Antonio Palau y Termens (1806-1862). As cinzas das páginas imortais, contudo, ao invés de se diluírem, espalhar-se-iam, beneficiando o progresso do Espiritismo na Espanha, sobretudo por conterem ideias libertadoras do homem do jugo do materialismo. O Espírito de Verdade, consultado por Allan Kardec, em 21 de setembro de 1861, quando da apreensão dos livros, em reunião íntima em sua residência, em Paris, tendo como médium o Sr. d'A..., comenta: "[...] as ideias se disseminarão lá com maior rapidez e as obras serão procuradas com maior avidez, desde que as tenham queimado. [...]".[320]

Em 1869, portanto, a nova equipe que se organiza para dar continuidade ao esforço excepcional de Allan Kardec passa a ser o alvo de idealismos retrógrados, que arquitetam diabólico plano para neutralizar os fatos espíritas, a mediunidade e o próprio Espiritismo...

Enfatiza Hermínio Miranda (1920-2013), na *Apresentação – breve retrospecto* que escreveu para a primeira edição, no Brasil, de *Procès des spirites*, de autoria de Madame P.-G. Leymarie (?-1904), publicada pela FEB, em 1975: "Logo que Kardec partiu para a espiritualidade, exacerbaram-se os ânimos

---

[319] THIESEN, Francisco. WANTUIL, Zêus. *Allan Kardec*: o educador e o codificador. 4. ed. 1. imp. Brasília: FEB, 2019. cap. 4 – Curiosidades.; KARDEC, Allan. *Revista Espírita*. ano 4. n. 8. ago. 1862. Trad. Evandro Noleto Bezerra. 4. ed. 1. imp. Brasília: FEB, 2022. Necrologia.

[320] KARDEC, Allan. *Obras póstumas*. 41. ed. 1. imp. Brasília: FEB, 2019. pt. segunda, cap. Extratos, *in extenso*, do livro..., it. Auto de fé em Barcelona, subit. Apreensão dos livros.

das trevas". "Era preciso agir rápido, atacar vários pontos, desmoralizar, para demolir, a Doutrina que se implantava com pujança inesperada". "E foi assim" – continua – "que o Espiritismo foi levado às barras dos Tribunais franceses, em 1875, por causa de uma série de fotografias mediúnicas".[321]

O resumo em português de *Procès des spirites* percorre 94 páginas (30 a 123), relatando o processo judicial que foi considerado, em matéria publicada em *Reformador,* de dezembro de 1975, cem anos depois, portanto, do infeliz episódio, "algo tenebroso, autêntica peça inquisitorial, só concebível de ter existido nos distantes tempos da Idade Média".

Conforme os fatos narrados na citada obra, no início da década de 70 do século XIX surgiram, em Paris, as chamadas "fotografias espíritas",[322] revelando seres desencarnados junto a pessoas encarnadas. A *Revue Spirite*, naquele momento sob a gerência de Pierre-Gaëtan Leymarie, interessa-se pelo assunto e passa a manter relacionamento com dois fotógrafos, um deles francês, de 34 anos, Édouard Buguet, considerado portador de excepcional mediunidade e o americano Alfred-Henri Firman, de 23 anos.

"Convencido da autenticidade dos recursos mediúnicos de Buguet, Leymarie publicou na *Revue* de janeiro de 1874,

[321] LEYMARIE, Madame P.-G., *Procès des spirites*. 1. ed. Brasília: FEB, 1976. p. 31-32.

[322] DELANNE, Gabriel, *O espiritismo perante a ciência*. Brasília: FEB, 1939. pt. quinta, cap. III.

sob o título *La Photographie Spirite à Paris*, um relato detalhado de sua posição no caso".[323] Inúmeros e notáveis experimentos foram feitos pelos dois fotógrafos com várias pessoas, inclusive com a participação da viúva Allan Kardec, cujos procedimentos eram meticulosamente acompanhados por Leymarie. "Nenhuma fraude pôde ser detectada nessas experiências, nenhum artifício, nenhum recurso desonesto, dado que o fotógrafo (Buguet) estava ali, à vista de todos, e se prestava docilmente aos controles que julgassem necessário estabelecer". "Camille Flammarion, cuja capacidade científica ninguém poderia pôr em dúvida, igualmente experimentou com Buguet e nada encontrou para incriminar o fotógrafo de fraude".[324]

Contudo, as imagens de desencarnados em fotos desencadeariam rumoroso processo judicial. O fato é denunciado como "um caso de polícia". Buguet, pressionado, confessa à autoridade policial estar praticando fraude e usando de trapaças para compor os retratos dos Espíritos. Inicia-se, a partir daí, a montagem de um palco, ligando-se as alegadas fraudes de Buguet a Pierre-Gaëtan Leymarie, acusado de ter conhecimento dos fatos e, consequentemente, ao Espiritismo, visando a sua desmoralização. Levada a denúncia ao Tribunal, a primeira sessão é aberta em 16 de junho de 1875, pelo juiz

---

[323] LEYMARIE, Madame P.-G. *Procès des spirites*. 1. ed. Brasília: FEB, 1976. p. 33.

[324] Id. Ibid. p. 35-36.

Millet, que ordena a convocação de 55 testemunhas, sendo 27 de acusação e 28 de defesa.[325]

Declara Zêus Wantuil, em "nota do tradutor" à biografia de Leymarie, de J. Malgras:

> Em consequência de depoimentos falsos, entre os quais o do próprio acusado principal, o fotógrafo Buguet, foram todos condenados pela justiça humana, o que os fez recorrer para instâncias superiores.

Leymarie, porém, é condenado a um ano de prisão celular e libertado em janeiro de 1877, retomando os seus afazeres habituais. "Que Buguet era médium e fotografias mediúnicas verdadeiras foram obtidas por ele, não há dúvida, como o atestaram muitas dezenas de pessoas, de diferentes países europeus. Mas o médium, desconhecedor dos princípios da Doutrina Espírita, e, ainda por cima, ganancioso, serviu-se várias vezes, quando nada conseguia com a sua mediunidade, da fraude, como ele próprio confessara". "As trevas, por instantes, desejaram empanar o Espiritismo, mas em vão".[326]

*

[325] LEYMARIE, Madame P.-G. *Procès des spirites*. 1. ed. Brasília: FEB, 1976. p. 37-39.

[326] Id. Ibid.

Enquanto esses acontecimentos ocorriam, entre 1874 e 1877, na pátria que recepcionou o Espiritismo no mundo, a França, do outro lado do oceano Atlântico uma nação começara a receber, dez anos antes, as primeiras sementes e os primordiais esforços para que a árvore pujante da Doutrina Espírita fosse transferida para as terras abençoadas do Cruzeiro do Sul.[327] Na Bahia, estado berço do descobrimento do Brasil, em 1500, Luis Olímpio Telles de Menezes (1825-1893), instala, na cidade do Salvador, o primeiro Centro Espírita do Brasil, o Grupo Familiar do Espiritismo, fundado em 17 de setembro de 1865 (há 160 anos) e, mais tarde, em julho de 1869, o jornal *O Echo d'Além-Túmulo,* subintitulado *Monitor do Espiritismo no Brasil,* com 56 páginas, o qual circulava também em Londres, Paris, Madri, Barcelona, Nova York, Bolonha, entre outras cidades.[328]

Em 1875, viriam a público as primeiras edições brasileiras de livros de Allan Kardec: *O livro dos espíritos, O livro dos médiuns* e *O céu e o inferno*, traduzidos por Joaquim Carlos Travassos e, em 1876, pelo mesmo tradutor, *O evangelho segundo o espiritismo.*[329] Em Londres, na Inglaterra, a correspondente de Allan Kardec, Sr.ª Anna Blackwell (1816-1900), publica, em 1876, a primeira tradução de *O livro dos espíritos*

---

[327] FRANCO, Divaldo. *Árdua ascensão*. Pelo Espírito Victor Hugo. 2. ed. Salvador: Leal, 1985. cap. O porquê do Espiritismo no Brasil.

[328] *O Echo d'Além-Tumulo* – Edição fac-similada, apresentação de Carlos Bernardo Loureiro, 1989, Teatro Espírita Leopoldo Machado, Salvador, BA.

[329] *REFORMADOR.* ano 117, n. 2.040, p. 92, mar. 1999.

ao inglês (*The spirits'book*) e, logo em seguida, em 1877, inicia a tradução de *O céu e o inferno*.

Revivendo essas históricas recordações em torno de dramáticos instantes do Espiritismo, granítico, porém, em sua perenidade, por ser promessa do amor de Jesus, lembremos a afirmação dos Espíritos a Allan Kardec, nas primeiras alvoradas da Codificação:

> Certamente que [o Espiritismo] se tornará crença geral e marcará nova era na história da Humanidade [...]. Terá, no entanto, que sustentar grandes lutas [...].[330]

[330] KARDEC, Allan. *O livro dos espíritos*. 93. ed. 9. imp. (Edição Histórica). Brasília: FEB. 2019. q. 798.

28

AS DIRETRIZES MISSIONÁRIAS DE ALLAN KARDEC

> Senhor! [...] Ampara-me nos momentos difíceis e, com o teu auxílio e dos teus celestes mensageiros, tudo envidarei para corresponder aos teus desígnios[331]

Em todos os tempos a Terra foi beneficiada com o concurso de Espíritos embaixadores do Cristo, com missões definidas.

Moisés[332] e Lao-Tseu,[333] na Antiguidade; Francisco de Assis (1181/82-1226) na Idade Média; filósofos e religiosos em diversas partes do mundo, no Oriente e no Ocidente, desenvolveram tarefas ajustadas às suas épocas, mas de grande importância para a consolidação da implantação do Reino de Deus na Terra.

Tidos como *visionários*, para uns, ou como *homens-santos* para outros, foram também alvos do escárnio de homens conhecidos como doutos, que viam em suas manifestações fantasias e misticismo.

---

[331] KARDEC, Allan. *Obras póstumas*. 41. ed. 1. imp. Brasília: FEB, 2019. pt. segunda, Extratos, *in extenso*, do livro..., it. Minha missão.

[332] Libertador e legislador de Israel.

[333] Filósofo chinês do séc. VI ou V a.C.

Esses Espíritos missionários, contudo, em sua grande maioria, perseveraram em suas incumbências e deixaram as suas marcas na História, o que os fez conquistarem o *busto do reconhecimento* na galeria dos precursores das verdades celestes.

Importante destacar que nunca lhes faltou a cooperação invisível de seus elevados protetores, a lhes fornecer orientações inspirativas, sem lhes violar o livre-arbítrio, mas projetando e irradiando o entusiasmo, para que pudessem colimar a missão abraçada.

Narram as tradições que no Mundo dos Espíritos, nas aulas proferidas pelos Instrutores aos seus pupilos desencarnados, ou mesmo encarnados, quando do desprendimento durante o sono, são relembradas essas experiências a envolver protetores e protegidos num intercâmbio de ideias, de propósitos, de interesses adrede combinados num fantástico labor colaborativo entre as duas dimensões de vida.

Nessas aulas, nos relatos solicitados, sobretudo, pelos Espíritos-espíritas, imaginamos que devem primar as relações entre o Codificador do Espiritismo, Allan Kardec, e o Espírito de Verdade.

São significativos e comovedores os primeiros momentos, nos idos de 1856, entre o pedagogo, o mestre das letras francesas, Hippolyte Léon Denizard Rivail, vivenciando as suas emocionantes experiências com os fenômenos das mesas girantes e das manifestações dos Espíritos e os diálogos primevos com o representante celeste, Guia e Orientador Espiritual do advento da Terceira Revelação.

A preocupação do futuro Codificador, com a missão que lhe é revelada, é evidente em todos os instantes da segunda fase de sua vida. Inicialmente, chega a se considerar incapaz para concretização do empreendimento, em face da magnitude da tarefa, indagando ao Espírito de Verdade: "Que causas poderiam determinar o meu malogro? Seria a insuficiência das minhas apacidades?".[334] O protetor amigo não lhe esconde os riscos e desafios da tarefa e dita ao professor Rivail as diretrizes atitudinais para o sucesso da incumbência.

Primeiro, para ser agradável a Deus, "ter humildade e modéstia; segundo, para vencer as provocações dos homens – céticos que se tornariam adversários da Revelação que se iniciava e adeptos do materialismo –, "coragem e perseverança"[335]; finalmente, para lograr êxito e consolidar a tarefa, "prudência e tato[336] e, por fim, também dedicação e espírito de sacrifício.[337]

Relembrando esses momentos da vida do mestre do Espiritismo, seu denodo e essas orientações por ele recebidas do Espírito de Verdade, torna-se difícil resistir às lágrimas de emoção.

Na Terra, Espíritos encarnados ou desencarnados, todos têm pequenas ou grandes missões.

Os Espíritas, assumimo-las no campo da mediunidade, da administração da Casa Espírita, da divulgação doutrinária,

---

[334] KARDEC, Allan. *Obras póstumas*. 41. ed. 1. imp. Brasília: FEB, 2019. pt. segunda, cap. Extratos, *in extenso*, do livro..., it. Minha missão.

[335] Id. Ibid.

[336] Id. Ibid.

[337] Id. Ibid.

da reforma íntima, da recuperação de antigos desafetos e vítimas de nossos equívocos e, muitas vezes, preocupamo-nos e tememos a possibilidade do fracasso.

Nesse momento, relembremos as diretrizes missionárias do Espírito de Verdade tracejadas para o Codificador do Espiritismo e, rogando as bênçãos de Deus e de Jesus através da prece, avancemos intimoratos e intemeratos, sem nada temer, portanto.

*

Há momentos significativos na vida de Allan Kardec.

Estudiosos que narram a sua biografia identificam fases em que importantes decisões foram por ele tomadas, exigindo dias e horas de recolhimento e meditação.

Durante a famosa etapa de sua vida como educador emérito, atividade que passou a exercer após o período de aprendizado no Instituto do mestre Johann Heinrich Pestalozzi, em Yverdon, na Suíça, experimentou momentos de sucesso e de reveses na vida profissional, situações essas que testaram a sua fibra moral, a sua determinação e a sua humildade.

Detentor de considerável e elevado lastro intelectual, ético e espiritual, adquirido em vivências anteriores, possuía estrutura psicológica equilibrada, forjando a sua individualidade no decorrer dos séculos, tornando-se, assim, senhor consciente de suas emoções.

A partir do ano do seu cinquentenário terrestre, no período que antecedeu ao instante precioso de sua vida, registrado no calendário terrestre como o dia 18 de abril de 1857, data magna da publicação de *O livro dos espíritos,* ele experimentou desafios singulares e impactantes.

Doze de junho de 1856, por exemplo, pode ser relembrado e caracterizado como um dos momentos decisivos na vida do Codificador da Doutrina Espírita.

Um ano antes, em 1855, ocorreram os primeiros contatos, os primordiais sinais, os chamados iniciais dos Espíritos. Amigos e estudiosos, como ele, do Magnetismo, todos certamente intuídos, dão partida aos comentários, fornecendo ao professor amigo informações e detalhes sobre as comunicações das almas do outro mundo.

Não foi a curiosidade que o atraiu, mas uma certeza íntima indefinível de que estava aguardando aquele momento. Por isso, naquele ano de 1855 vai assistir às experiências que ocorriam na Rua Grange-Batelière, 18, residência da médium parisiense Sr.ª Plainemaison, e dá prosseguimento à sua *iniciação ao Espiritismo*, cujo ponto de partida, em 1854, foi o encontro com o amigo Fortier, que lhe fala acerca das *mesas girantes,* como ele registraria em seus apontamentos íntimos.[338]

---

[338] KARDEC, Allan. *Obras póstumas*. 41. ed. 1. imp. Brasília: FEB, 2019. pt. segunda, Extratos, *in extenso*, do livro..., it. A minha primeira iniciação no espiritismo.

Mas aquele mês de junho de 1856 ele nunca esqueceria, pois foi quando recebeu os detalhes da sua missão e o que dele seria exigido para cumpri-la.

A grandeza e o significado do momento fazem com que o próprio Espírito de Verdade compareça para transmitir-lhe o encargo, traçando-lhe o perfil de liderança que lhe seria exigido para colimar a *obra-promessa* de Jesus, comunicando-se em casa do Sr. Carlotti, por meio da médium Aline Carlotti.[339]

Como enfatizamos, acima, humildade, modéstia, desinteresse, prudência e tato, devotamento, abnegação e disposição a todos os sacrifícios foram, assim, as qualidades emotivas imprescindíveis, muito mais do que a inteligência, para êxito da missão, tal como lhe assegurara o Espírito-Guia no momento memorável.

O encontro entre o Codificador do Espiritismo, Allan Kardec, e o Emissário Celeste ficará indelével nos anais da história da Terceira Revelação das Leis de Deus.

Comovido, ante o convite para a tarefa, o missionário agradece à dádiva, enfatizando o júbilo pela oportunidade.

Se tivesse vacilado naquele momento decisivo, deixando-se atemorizar, declarando-se incapaz para o tentame, o advento do Consolador provavelmente teria sido adiado.

---

[339] KARDEC, Allan. *Obras póstumas*. 41. ed. 1. imp. Brasília: FEB, 2019. pt. segunda, Extratos, *in extenso*, do livro..., it. A minha primeira iniciação no espiritismo.

O Espírito Vianna de Carvalho, por meio do médium Divaldo Franco, declara que depois do lançamento de *O livro dos espíritos* "Todas as armas se levantam contra o livro monumental [...]. Mas Allan Kardec estava preparado para a reação. *O livro dos espíritos* veio e ficou. Seus ensinamentos aí estão, insuperáveis, atravessando os tempos".[340]

O destemido missionário, portanto, estava devidamente capacitado. Assumindo o labor, deu-lhe cumprimento com disciplina e eficácia, deixando-nos, a toda a Humanidade, a preciosa herança, o tesouro incalculável da Doutrina Espírita.

Relembrando, assim, os seus feitos e sua exemplar perseverança declaramos: caro mestre Allan Kardec, os espíritas do Terceiro Milênio saudamos-te, agora e sempre!

---

[340] FRANCO, Divaldo. *À luz do espiritismo*. Pelo Espírito Vianna de Carvalho. Salvador: Leal, 1968. p. 34.

Allan Kardec

ÍNDICE GERAL[1]

1 N.E.: Remete ao capítulo.

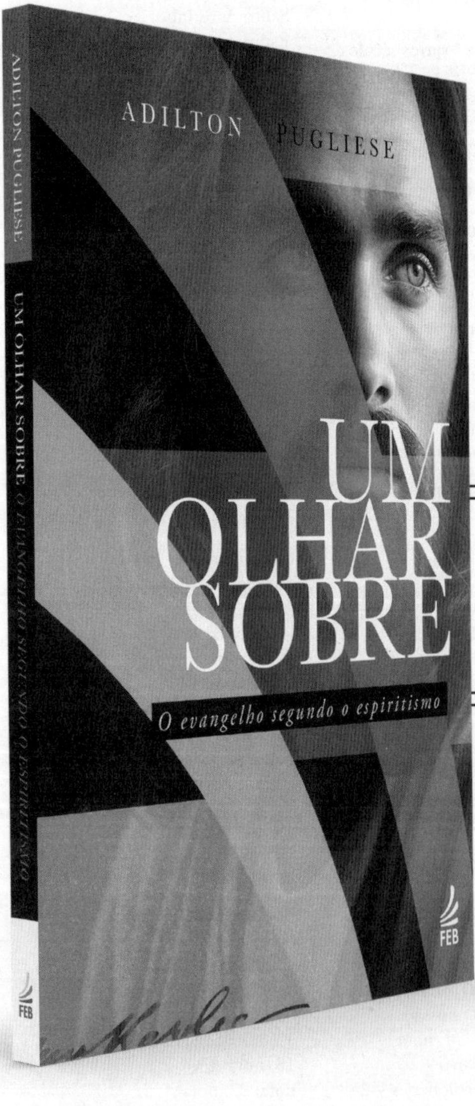
ADILTON PUGLIESE
UM OLHAR SOBRE
O evangelho segundo o espiritismo
FEB
ADILTON PUGLIESE
UM OLHAR SOBRE O EVANGELHO SEGUNDO O ESPIRITISMO
FEB

LITERATURA ESPÍRITA

Em qualquer parte do mundo, é comum encontrar pessoas que se interessem por assuntos como imortalidade, comunicação com Espíritos, vida após a morte e reencarnação. A crescente popularidade desses temas pode ser avaliada com o sucesso de vários filmes, seriados, novelas e peças teatrais que incluem em seus roteiros conceitos ligados à Espiritualidade e à alma.

Cada vez mais, a imprensa evidencia a literatura espírita, cujas obras impressionam até mesmo grandes veículos de comunicação devido ao seu grande número de vendas. O principal motivo pela busca dos filmes e livros do gênero é simples: o Espiritismo consegue responder, de forma clara, perguntas que pairam sobre a Humanidade desde o princípio dos tempos. Quem somos nós? De onde viemos? Para onde vamos?

A literatura espírita apresenta argumentos fundamentados na razão, que acabam atraindo leitores de todas as idades. Os textos são trabalhados com afinco, apresentam boas histórias e informações coerentes, pois se baseiam em fatos reais.

Os ensinamentos espíritas trazem a mensagem consoladora de que existe vida após a morte, e essa é uma das melhores notícias que podemos receber quando temos entes queridos que já não habitam mais a Terra. As conquistas e os aprendizados adquiridos em vida sempre farão parte do nosso futuro e prosseguirão de forma ininterrupta por toda a jornada pessoal de cada um.

Divulgar o Espiritismo por meio da literatura é a principal missão da FEB, que, há mais de cem anos, seleciona conteúdos doutrinários de qualidade para espalhar a palavra e o ideal do Cristo por todo o mundo, rumo ao caminho da felicidade e plenitude.

O EVANGELHO NO LAR

*Quando o ensinamento do Mestre vibra entre quatro paredes de um templo doméstico, os pequeninos sacrifícios tecem a felicidade comum.**

Quando entendemos a importância do estudo do Evangelho de Jesus, como diretriz ao aprimoramento moral, compreendemos que o primeiro local para esse estudo e vivência de seus ensinos é o próprio lar.

É no reduto doméstico, assim como fazia Jesus, no lar que o acolhia, a casa de Pedro, que as primeiras lições do Evangelho devem ser lidas, sentidas e vivenciadas.

O espírita compreende que sua missão no mundo principia no reduto doméstico, em sua casa, por meio do estudo do Evangelho de Jesus no Lar.

Então, como fazer?

Converse com todos que residem com você sobre a importância desse estudo, para que, em família, possam compreender melhor os ensinamentos cristãos, a partir de um momento de união fraterna,que se desenvolverá de maneira harmônica e respeitosa. Explique que as reflexões conjuntas acerca do Evangelho permitirão manter o ambiente da casa espiritualmente saneado, por meio de sentimentos e pensamentos elevados, favorecendo a presença e a influência de Mensageiros do Bem; explique, também, que esse momento facilitará, em sua residência, a recepção do amparo espiritual, já que auxilia na manutenção de elevado padrão vibratório no ambiente e em cada um que ali vive.

Convide sua família, quem mora com você, para participar. Se mora sozinho, defina para você esse momento precioso de estudo e reflexões. Lembre-se de que, espiritualmente, sempre estamos acompanhados.

Escolha, na semana, um dia e horário em que todos possam estar presentes.

O tempo médio para a realização do Evangelho no Lar costuma ser de trinta minutos.

As crianças são bem-vindas e, se houver visitantes em casa, eles também podem ser convidados a participar. Se não forem espíritas, apenas explique a eles a finalidade e importância daquele momento.

O seguinte roteiro pode ser utilizado como sugestão:

Preparação: leitura de mensagem breve, sem comentários;

Início: prece simples e espontânea;

Leitura: *O evangelho segundo o espiritismo* (um ou dois itens, por estudo, desde o prefácio);

Comentários: breves, com a participação dos presentes, evidenciando o ensino moral aplicado às situações do dia a dia;

Vibrações: pela fraternidade, paz e pelo equilíbrio entre os povos; pelos governantes; pela vivência do Evangelho de Jesus em todos os lares; pelo próprio lar...

Pedidos: por amigos, parentes, pessoas que estão necessitando de ajuda...

Encerramento: prece simples, sincera, agradecendo a Deus, a Jesus, aos amigos espirituais.

As seguintes obras podem ser utilizadas nesse momento tão especial:

O evangelho segundo o espiritismo, como obra básica;

Caminho, verdade e vida; Pão nosso; Vinha de luz; Fonte viva; Agenda cristã.

Esse momento no lar não se trata de reunião mediúnica e, portanto, qualquer ideia advinda pela via da intuição deve permanecer como comentário geral, a ser dito de maneira simples, no momento oportuno.

No estudo do Evangelho de Jesus no Lar, a fé e a perseverança são diretrizes ao aprimoramento moral de todos os envolvidos.

O LIVRO ESPÍRITA

Cada livro edificante é porta libertadora.

O livro espírita, entretanto, emancipa a alma nos fundamentos da vida.

O livro científico livra da incultura; o livro espírita livra da crueldade, para que os louros intelectuais não se desregrem na delinquência.

O livro filosófico livra do preconceito; o livro espírita livra da divagação delirante, a fim de que a elucidação não se converta em palavras inúteis.

O livro piedoso livra do desespero; o livro espírita livra da superstição, para que a fé não se abastarde em fanatismo.

O livro jurídico livra da injustiça; o livro espírita livra da parcialidade, a fim de que o direito não se faça instrumento da opressão.

O livro técnico livra da insipiência; o livro espírita livra da vaidade, para que a especialização não seja manejada em prejuízo dos outros.

O livro de agricultura livra do primitivismo; o livro espírita livra da ambição desvairada, a fim de que o trabalho da gleba não se envileça.

O livro de regras sociais livra da rudeza de trato; o livro espírita livra da irresponsabilidade que, muitas vezes, transfigura o lar em atormentado reduto de sofrimento.

O livro de consolo livra da aflição; o livro espírita livra do êxtase inerte, para que o reconforto não se acomode em preguiça.

O livro de informações livra do atraso; o livro espírita livra do tempo perdido, a fim de que a hora vazia não nos arraste à queda em dívidas escabrosas.

Amparemos o livro respeitável, que é luz de hoje; no entanto, auxiliemos e divulguemos, quanto nos seja possível, o livro espírita, que é luz de hoje, amanhã e sempre.

O livro nobre livra da ignorância, mas o livro espírita livra da ignorância e livra do mal.

Emmanuel*

CARIDADE: AMOR EM AÇÃO

SEDE BONS E CARIDOSOS: essa a chave que tendes em vossas mãos. Toda a eterna felicidade se contém nesse preceito: "Amai-vos uns aos outros". KARDEC, Allan. *O evangelho segundo o espiritismo*, cap. 13, it. 12.

A Federação Espírita Brasileira (FEB), em 20 de abril de 1890, iniciou sua *Assistência aos Necessitados* após sugestão de Polidoro Olavo de S. Thiago ao então presidente Francisco Dias da Cruz. Durante oitenta e sete anos, esse atendimento representava o trabalho de auxílio espiritual e material às pessoas que o buscavam na Instituição. Em 1977, esse serviço passou a chamar-se Departamento de Assistência Social (DAS), cujas atividades assistenciais nunca se interromperam.

Desde então, a FEB, por seu DAS, desenvolve ações socioassistenciais de proteção básica às famílias em situação de vulnerabilidade e risco socioeconômico. Fortalece os vínculos familiares por meio de auxílio material e orientação moral-doutrinária com vistas à promoção social e crescimento espiritual de crianças, jovens, adultos e idosos.

Seu trabalho alcança centenas de famílias. Doa enxovais para recém-nascidos, oferece refeições, cestas de alimentos, cursos para jovens, serviços de convivência e fortalecimento de vínculos para idosos e organiza doações de itens que são recebidos na Instituição e repassados a quem necessitar.

Essas atividades são organizadas pelas equipes do DAS e apoiadas com recursos financeiros da Instituição, dos frequentadores da Casa e por meio de doações recebidas, num grande exemplo de união e solidariedade.

Seja sócio-contribuinte da FEB, adquira suas obras e estará colaborando com o seu Departamento de Assistência Social.

FEB editora
Livro espírita para um novo mundo
www.febeditora.com.br
@febeditoraoficial
@febeditora

Produção Editorial:
Elizabete de Jesus Moreira

Revisão:
Rafael Caldeira-Maia
Wagna da Silva Carvalho

Capa, Projeto Gráfico e Diagramação:
César Oliveira

Foto de Capa:
Freepik.com

Normalização Técnica:
Biblioteca de Obras Raras e Documentos Patrimoniais do Livro

Esta edição foi impressa pela Editora Vozes Ltda., Petrópolis, RJ, com tiragem de 1,5 mil exemplares, todos em formato fechado de 155x230 mm e com mancha de 105x180 mm. Os papéis utilizados foram o Off white bulk 58 g/m² para o miolo e o Cartão 250 g/m² para a capa. O texto principal foi composto em fonte Adobe Garamond Pro 13/19 e os títulos em Baskerville Md Bt 23/20. Impresso no Brasil. *Presita en Brazilo.*